Los niños no se educan solos

Los niños no se educan solos

Daniel López Ortega

Plataforma
Editorial

Primera edición en esta colección: marzo de 2026

© Daniel López Ortega, 2026
© de la presente edición: Plataforma Editorial, 2026

Plataforma Editorial
c/ Muntaner, 269, entlo. 1.ª – 08021 Barcelona
Tel.: (+34) 93 494 79 99
www.plataformaeditorial.com
info@plataformaeditorial.com

Depósito legal: B 2365-2026
ISBN: 979-13-87813-87-1
THEMA: JN

Printed in Spain – Impreso en España

Diseño de cubierta:
Antonio F. López

Fotografía de la cubierta:
Juanja García Pérez

Realización de cubierta y fotocomposición:
Grafime S. L.

El papel que se ha utilizado para imprimir este libro proviene
de explotaciones forestales controladas, donde se respetan
los valores ecológicos, sociales y el desarrollo sostenible del bosque.

Impresión:
Romanyà Valls Capellades (Barcelona)

A mis minipersonas.

A las que ya pasaron por mi clase y me dejaron el corazón lleno de anécdotas, dibujos arrugados y frases que no caben en una agenda.

A las que están ahora, desbordando energía, imaginación y restos de pintura entre los dedos.

Y a las que vendrán, os estoy esperando con los brazos abiertos y la paciencia más o menos a tope.

Gracias.

Por mirarme como si yo supiera todas las respuestas.

Por hacerme crecer, retarme, inspirarme y enseñarme cosas que no aparecen en ningún libro.

Por recordarme que educar y enseñar no va de controlar, sino de acompañar.

Y que crecer, si se hace con cariño, es un viaje maravilloso.

Gracias por convertirme en la persona y el profesional que soy hoy.

Por cada «profe, ¿sabes una cosa?», cada abrazo sin avisar y cada risa compartida.

Por hacerme sentir que mi trabajo tiene sentido.

Este libro es para vosotras y vosotros, mis minipersonas.

Porque sin daros cuenta, sois mis mejores profesoras y profesores.

Mientras escribía me iban inspirando diferentes canciones. Os las quiero compartir para que también os acompañen a través de estas historias. No hay un orden, solo sentimientos. A cada uno nos inspiran o nos emocionan cosas diferentes. Puede incluso que ni te guste y prefieras tu música o el silencio. Lo que más te guste a ti.

LISTA DE SPOTIFY:
LOS NIÑOS NO SE EDUCAN SOLOS

Índice |

Introducción |

Si has llegado hasta aquí, tal vez estés buscando respuestas. O tal vez no. Tal vez solo estás hojeando este libro porque alguien te lo ha recomendado con esa frase tan peligrosa de «tienes que leerlo. Te va a encantar. Te sientes totalmente reflejado». Sea como sea, antes de que sigas leyendo deja que te aclare algo (que luego no quiero valoraciones negativas en los portales de venta, con eso de «este libro parece una cosa que no es», que nos conocemos): este libro no tiene soluciones mágicas; no es un manual con pasos infalibles. Y, por mucho que lo intente, no te va a enseñar a educar sin equivocarte. Lo que sí vas a encontrarte es un viaje lleno de historias. Algunas son reales. Otras, aunque parezcan inventadas, también. Historias de niños que aprenden a su manera, a su ritmo, y que muchas veces nos enseñan más de lo que imaginamos. Historias de recreos, donde se curan muchas heridas que no son fáciles de ver y donde suceden cosas que ni el mejor guionista podría imaginar. Historias de familias que están al borde del colapso, como si se tratase de una torre de cartas suplicando por que no llegue jamás un leve soplido que haga que todo se desmorone. Y, también, historias de maestros —como yo— que lo damos todo para que el aula funcione, aunque muchas veces se nos escape de las manos.

Me llamo Dani. Soy maestro de minipersonas, como me gusta llamarles. Soy de los que se pasan el día agachados para ponerme a su altura y ver el mundo tal y como lo ven ellas y ellos. Mi especialidad es crear mundos fantásticos donde poder aprender y vivir mil aventuras. Mi foco está puesto, siempre, en sus emociones. En intentar que logren entender el completo laberinto de comprenderse a uno mismo y tener la capacidad de empatizar con quien tengo al lado. Amante de los cuentos que conectan la realidad. Soy detective de silencios y miradas que gritan, y con un buen máster en rabietas.

Aquí dentro hay autismo, hay apego, hay falta de recursos. Hay rabietas infantiles y las mías propias. Hay educación emocional de la de verdad, y mis propias pesadillas y alegrías. También hay humor. Porque sin humor los profes nos volveríamos cucú. Y hay momentos de esos que te tocan el corazón, que te obligan a frenar, a conectar, a coger una bocanada de aire y decir: «Esto. Esto es por lo que sigo aquí». No esperes verdades absolutas ni ejemplos perfectos.

Así que, si esta introducción te ha conquistado, te invito a entrar. Elige tu sitio favorito para vivir aventuras, prepárate un buen café, un té o lo que más te guste y comencemos. Lo único que voy a pedirte es que, aunque puede que no estés de acuerdo con todo, espero que cuando leas estas historias lo hagas con el corazón un poco abierto. Puede que en alguna de estas páginas te encuentres a ti, como madre, como padre, como profe o como ser humano.

1.
¿Y todavía no lee?

Una historia sobre las prisas, el ansia de leer,
las comparaciones, el miedo
y una niña que nos enseñó a esperar

Isa tenía cinco años y un mundo interior enorme; lleno de historias, cuentos, magia y curiosidad.

Isa era de esas niñas que nunca se dan prisa, de las que se toman su propio tiempo en realizar todo tipo de tareas, sin discriminar si son de las que adora o de las que rechaza. En todo se toma su tiempo, su ritmo. Lo que siempre me ha gustado de ella es que no solo se tomaba su propio tiempo, sino que te explicaba cada paso que daba.

—¡Espera! Todavía tengo que terminar de colorear este lago, el vestido de la princesa y dibujar los pájaros —me dijo una vez mientras intentaba desesperadamente que terminase el dibujo porque era hora de salir al recreo.

Así era Isa, daba igual lo rápido que fuera el mundo, que ella marcaba su tempo. No había horarios. Se diría que era lenta… A mí me gustaba verla como una persona sumamente detallista que poseía una gran imaginación. Una niña que disfrutaba dentro de los mundos que creaba, pero nunca se desconectaba del nuestro.

Los momentos de lectura de cuentos eran sus favoritos, cuando me convertía en un sinfín de personajes y criaturas para hacer que la clase disfrutara de la lectura y todos los universos que nos ofrece la literatura. Algo que he ido desarrollando con los años es la capacidad de poner todo tipo de voces diferentes para poder interpretar a todo el reino animal. Isa era la primera en reírse con un giro absurdo, con un chiste fácil o el grito de alguno de los personajes de las aventuras. Era la primera en comerse, con sus enormes ojos marrones, cada ilustración de cada una de las páginas y en susurrar «¡otra vez!» cuando el cuento llegaba a su final con un *colorín colorado este cuento se ha acabado, colorín colorete por la chimenea sale un cohete*. Sin embargo, cuando llegaba el momento de ver los sonidos de las letras que estábamos trabajando o intentar reproducir su trazo, esas ganas desaparecían.

Te voy a contar un secreto, acércate… presta atención, ¿eh?: Escuchar cuentos no tiene nada que ver con querer leerlos por sí solito. Escuchar cuentos es recibir el mundo de las palabras y leerlas es atreverse a conquistarlo. Isa no se encontraba en el momento de querer realizar esa conquista, ni siquiera tenía ni la mochila preparada. Esa mochila que se va llenando con el tiempo y la paciencia que se necesita. No se trataba de que no tuviera ganas de vivir esa aventura, simplemente no estaba preparada. No es falta de interés. NO

ES FALTA DE INTERÉS. ¡NO ES FALTA DE INTERÉS! Sus ganas de leer solita aún se encontraban dormidas, y no hay nada más desagradable como que te despierten antes de tiempo… Qué tirria le tengo al despertador.

Llegó la tutoría con su familia y tenía claro que este tema iba a ser uno de los principales. La preocupación, las comparaciones y el desconocimiento suelen estar presentes. Como profe tenía claro mi discurso y las razones de Isa para no leer (como si de una decisión personal de su hija se tratase y no de un ritmo que se aleja de su propia decisión), pero también debían entenderlas su familia. No puedo ayudar a su hija a remar tranquilamente y llegar a puerto con seguridad y confianza, si no hago equipo con las personas que le esperan en casa.

—Dani, ¿e Isa? —me preguntó su madre, Carla, con una voz que sabes que está cargada de dudas y preocupación.

—¿Qué pasa con Isa?

Estaban los dos, Carla y Santi. Él dando pequeños toquecitos a la mesa con sus dedos y ella con la mirada deseosa de respuestas. Una familia implicada y con ganas de ayudar.

—Que… bueno —se miraban el uno al otro lanzándose mensajes en silencio—, que no quiere leer. Y la hija de X ya está con frases enteras…

Ahí estaba. Ese era el momento. Ahí es donde apareció. Apareció el «ya», el «los otros». Las comparaciones. No se hace con maldad, lo sé de sobra, se hace desde el amor y las dudas como familia, de no querer fallarle a tu persona favorita. Es presión.

—Isa tiene su ritmo. No es lento, es suyo. Llegará a leer, pero debemos esperar a que suceda la magia.

Santi no parecía contento con mi respuesta y Ana le dio la razón con otra mirada cómplice.

—Entiendo que os preocupe, es normal la comparación y las prisas. Pero que lea no depende de nosotros ni la de veces que repasemos las letras con ella. Solo os pido que confiéis. En ella y en su proceso. Isa está aprendiendo cosas maravillosas y muy importantes, como calmar su temperamento y poner nombre a sus emociones, aprender a realizar sus trabajos con calma y concentración, o mancharse las manos experimentando con texturas y trazos. Está recortando, pegando y rasgando. Está jugando con sonidos y canciones. No, no lee, no es necesario que lo haga ya, pero sí está haciendo todo lo previo que tiene que hacer. Sí está construyendo una confianza que le va a impulsar a conseguir cada meta que se proponga, solo debemos esperar a que la meta sea leer el título de ese cuento que ansía que le leáis antes de dormir.

—Ya, pero ¿cómo sabremos cuándo estará lista? —De nuevo las prisas y la necesidad de establecer una fecha concreta marcada por el meridiano de Greenwich.

—Cuando lo pida ella, cuando lo disfrute y no se fuerce.

La tutoría finalizó entre promesas, y una sensación de calma renovada en el ambiente. Una calma frágil que puede desmoronarse en cualquier momento, pero con un pacto de espera.

Hay que dejar claro que, en Infantil, la lectura no se enseña como una meta, no es ni un objetivo. Se anima y potencia como una promesa a largo plazo. Como algo precioso que va a suceder en el momento que menos de lo imaginas, como si de magia se tratase. Te prometo que llega el momento, de verdad que llega. Promesa de meñique: prometo, como profe de Infantil, que he respetado el ritmo de cada uno en mis clases y todos han salido con ganas de leer esa palabra tan rara que tenían delante o un letrero que se encontraban por la calle; incluso el nombre de alguna baraja de pequeños monstruitos de colores.

Esa magia es justo lo que sucedió con Isa.

Una mañana, apareció por clase con un libro entre las manos y una sonrisa de oreja a oreja entre las mejillas. Saltó sobre mí y, acurrucada, señaló una de las palabras de la portada, «Monstruos». Dijo:

—Esa. ¿Qué pone, Dani?

No me estaba pidiendo enseñarle a leer. Me estaba pidiendo herramientas para poder vivir aventuras por sí misma en nuestro césped de clase. Ese rincón de cojines blanditos y rodeado de diferentes libros y personajes fantásticos. Fue su momento mágico, el que tanto se espera y el que, como te he dicho, termina por aparecer. Ese día no hubo un resoplido cuando apareció una de las letras a trabajar ese día. Incluso se fue corriendo a practicarla en la pizarra que tengo cerca de la ventana.

Y aprendió. Con tiempo, respeto y esperando a que fuera su momento.

ESTRATEGIA 1. **No adelantes lo que no toca**

En Infantil no se enseña a leer, se provoca ese deseo y se juega con el lenguaje. Se promueve el uso de libros para su disfrute y familiarización con su cuidado. Cuando una minipersona se siente segura con los sonidos, las palabras y sus emociones, el proceso de la lectura aparece como por arte de magia.

—¿Entonces no hacemos nada en casa? —me preguntaron en la tutoría antes de concluirla.

Claro que se puede llevar estrategias en casa. Esto es lo que os aconsejo que hagáis, que es lo que hago en clase:

1. Leo en voz alta y dramatizando los personajes.
2. Inventamos palabras divertidas y jugamos con los sonidos.
3. Creamos un rincón de lectura o biblioteca. En ese rincón la única norma es el cuidado a los libros, pero no hay necesidad de permanecer con el mismo durante un tiempo marcado, ni intentar leer o descubrir lo que esconde su texto, simplemente disfrutar del libro y pasar sus páginas. El interés por descubrir su interior aparecerá poco a poco.

ESTRATEGIA 2. **Convierte el lenguaje en un juego**

Puedes jugar con la conciencia fonológica.

—Espera, espera, Dani. ¿Qué es la conciencia fo-no-ló-gi-ca?

—preguntó Santi jugando con las sílabas haciendo justo eso: jugar con la conciencia fonológica sin saber qué era.

—Es cuando los niños se dan cuenta de que las palabras están hechas de sonidos. Es como si jugaran con las palabras y sus sonidos: dividirlas, cambiarlas, juntarlas, rimarlas… Lo que acabas de hacer, es conciencia fonológica. —Le sonreí.

Unos ejemplos muy sencillos:

- Saber que «mesa» empieza igual que «melón».
- Contar cuántas partes tiene una palabra.
- Jugar a las palabras encadenadas o a las rimas.
- Escuchar la palabra «sol» y saber que suenan tres sonidos: /S//O//L/.

¿Para qué sirve todo esto?
Les ayuda a:

- Aprender a leer y escribir.
- Entender cómo suenan las palabras.
- Sentir más seguridad con las letras.

Tips rápidos:

1. No preguntes «y tú ya lees?», como si fuera una meta en la vida. Pregunta «¿qué personaje te gusta más?», «¿cuál es tu aventura favorita?».
2. NUNCA compares. Cada uno lleva su tiempo.

3. Lee por disfrute, no como una obligación.
4. Ten cuentos por todas partes, hay algunos que puedes meter hasta en la bañera.
5. Si tienes dudas, habla con la/el profe en el cole. El equipo familia-colegio es el mejor recurso.

2.

El silencio azul de Miguel

Una historia sobre aprender a ver el mundo con otros ojos, con otros silencios y con otro lenguaje

Con el comienzo del curso, comenzó una aventura nueva. Cada año lo es, pero este año tenía una sorpresa esperándome. El primer día que Miguel llegó al colegio, llevaba una camiseta azul de monstruos y la mirada puesta en todo lo que había a su alrededor. Caminaba tranquilo, una tranquilidad que brotaba desde la mano de quien más le quiere en este mundo, su madre.

—¡Hola, buenos días! —le dije mientras me agachaba para que me tuviera a su altura.

Miguel no me miró.

—Es muy observador —rápido dijo su madre—. Pero es muy listo, ya le conocerás.

Los profesores tenemos un superpoder, tenemos la capacidad de percibir cuándo alguien recibe el mundo de manera diferente. Al instante, así de rápido, con un simple «hola» o un vistazo a lo que será nuestra pequeña minifamilia durante este año. Claro que algo percibí, algo noté. No sabía qué era, pero para eso tenemos todo un curso: para conocernos. Algo en mi interior sabía que con Miguel iba a aprender a ver el mundo desde sus ojos en vez de desde los míos.

Los primeros meses del curso pasaron entre canciones, cuentos, pinturas, manchas, risas y juegos compartidos. Miguel no participaba, pero tampoco molestaba a sus compañeros. Él estaba por clase, dando vueltas, dentro de sus mundos. Era curioso verle enfrentarse a cada día y cada reto. Lo hacía a su ritmo bajo sus propias normas. Si había algo que hacer, lo hacía, sin reproches, sin porqués, sin excusas, sin miradas, sin expresión. Los momentos comunes, eso en los que hay que compartir y acercarse, Miguel se alejaba, buscaba su espacio; su rincón. Se acercaba, sí, pero a los materiales, a las texturas, a los objetos. A las personas no las entendía. No entendía cómo comunicarse con ellas ni lo que ellas le estaban diciendo. Lo bonito era que las minipersonas que convivían en su mundo sí le entendían, sí le comprendían, sí le respetaban y sí le acompañaban. Sí permitía un contacto mano con mano. Conectaban corazones, pero no conectaban miradas.

La familia me respondía a cada mensaje del colegio con inmediatez. Acudían a todas las tutorías, me consultaban al comienzo del día y me pedían unas palabras al finalizarlo. Agradecían cada esfuerzo.

—Miguel está feliz, me cuenta todo lo que hacéis en el cole y está feliz. Muchas gracias. —Eran siempre las últimas palabras del día antes de cerrar la puerta de clase que marca el final de la jornada.

Confieso que no sabía cómo acercarme a su mundo, cómo llegar a conectar de una manera diferente de la que estaba acostumbrado de toda mi vida. Dicen que cuando eres adulto te resulta mucho más complicado aprender un idioma, pero en este caso no iba de aprender a hablar con palabras, sino a comunicarme con silencios a través de dibujos. No fue sencillo. Los profesores tenemos todos los recursos del mundo. Bueno, eso creía, pero resulta que me faltaban todos aquellos recursos que hacen de este mundo especial. Me faltaban las palabras sin sonidos, las emociones sin expresión, los movimientos con mensajes escondidos y las miradas que no buscan encontrarte, pero que te atraviesan. Comencé a pasar mi tiempo libre sumergido en libros, cursos, charlas y todo lo que me pudiera aportar algo de luz, que me ayudase a ayudar, que me permitiera acompañar a Miguel. Todo lo que necesitó Miguel fue una carpeta de plástico, llena de dibujos con materiales, con rutinas, con espacios, con personas. Cuando esa carpeta llegó a clase, Miguel estiró su mano y señaló aquello que necesitaba. Esa fue su primera palabra. Una palabra que no tiene letras, pero con un mensaje claro. Desde el inicio encontré una herramienta muy poderosa, una que conectaba su mundo con el del resto de compañeros. Una herramienta con el poder de hacerle acercarse al resto y compartir junto a ellos: la música. Fue un antes y un después en nuestra pequeña clase. Saltos, giros, tarareos y sonrisas... Sonrisas, emoción. La suya y la mía, que al verlo la primera vez no pude contener mis lágrimas de alegría.

La reunión de final de curso se planteó con cuidado y mucho cariño.

—Miguel necesita otro tipo de acompañamiento. Todo el equipo estamos observando unas señales que conviene que comencemos a explorar desde más ámbitos. Por supuesto, no pretendemos crear una etiqueta, pero sí encontrar la mejor manera de ayudarle a entrar en nuestro mundo o que nosotros comprendamos cómo acceder al suyo.

Aquí me encantaría comenzar la historia con un «los padres sonrieron, agradecieron la atención y nos pusimos a trabajar conjuntamente», pero no. No fue así. El curso se cerró con una mezcla agridulce. Un cóctel de emociones que iban desde la felicidad más absoluta por haber encontrado el lenguaje de Miguel hasta el toque más amargo por no encontrar las palabras adecuadas que ayudaran a su familia a abrir los ojos.

- Duelo.
- Incertidumbre.
- Miedo.
- Negación.

Comienza un viaje complicado. Aquí no hay GPS, no hay rutas claras. Primero hay que lograr derribar el primer muro. Hay que lograr romper con la idea de que el camino que habías pensado para tu hijo, ese que llevas planeando desde antes incluso de verle la cara, ha cambiado. Ahora toca caminar sobre un puente que no tiene barandillas, pero que los profesores, y en este caso yo, estaba intentando que cruzasen, sosteniéndolos con la cuerda más robusta para que pudieran hacerlo sin miedo. Dependía de ellos.

No lo tenían claro. No lo tenían. No iban a cruzar.

El segundo año comenzó con nuevos materiales, nuevos espacios. Miguel seguía igual. No estaba peor. Mejor tampoco. Igual. En su mundo estaba bien, cuando encuentras tu espacio te sientes a gusto, protegido, seguro. Así me imagino que se sentía Miguel. Como todo en esta vida, vinieron cambios. Algunos se trabajaron, otros se produjeron como por arte de magia. Este tipo de poderes que solo posee la infancia, los corazones puros y las miradas sin juicios. Los dibujos continuaron formando parte fundamental de nuestra clase. Se puede decir que ese año aprendimos: castellano, inglés y el lenguaje de las imágenes.

La magia vino de sus compañeros, de esas minipersonas que son capaces de todo porque nadie les ha obligado a ver unos límites imaginarios. Le daban la mano, le conectaban al grupo, a los juegos. Él compartía sus dibujos y ellos le compartían sus risas. A lo largo de este curso sucedió algo más, algo que reforcé todo lo que pude. Me pedía ir en brazos desde una zona del colegio a otra. Cada día. En los mismos momentos. Se estableció una rutina; una de cariño. Una que conectaba los corazones y aceptaba un abrazo.

De entre todos los días de ese curso, hubo uno que se me quedó tatuado. Uno que vive en mí desde el momento que sucedió. Es uno de esos recuerdos que te recargan las pilas los días malos, de los que les dan sentido a las dudas.

La clase había terminado, ese día tocaba aprender jugando y manchando. No soy capaz de recordar con precisión qué es lo que estábamos haciendo, pero sí lo que sentíamos. Sé que estábamos disfrutando, y lo digo en plural porque me parece fundamental que el profesor disfrute con su clase. Finalizamos, recogimos y nos preparamos para irnos. Al salir, Miguel se detuvo. Algo le impedía seguir caminando. Tenía algo en su interior que necesitaba compartir, pero era algo nuevo. Una situación diferente. Se iba a producir la magia. Iba a pasar. Él no lo sabía. Yo no lo sabía. Él estaba preparado. Yo no era ni capaz de soñarlo.

—Gracias, me ha gustado.

Un abrazo. No mío, sino suyo; no forzado, sino con ganas. ¿Hubo contacto con la mirada? No. Los ojos no conectaron. Pero él sí lo hizo.

La comunicación con la familia continuó siendo muy buena. Siempre la misma pregunta antes de finalizar el día:

—¿Qué tal Miguel?

Siempre la misma respuesta para intentar acortar pasos en ese puente sin barandillas:

—Bien. Miguel avanza, dentro de sus necesidades y con sus materiales adaptados.

Si algo no dejaba de sorprenderme es lo permisiva y agradecida que era la familia de que trabajaremos con su hijo adaptándonos a sus necesidades específicas, pero nunca, jamás, podíamos ponerle el nombre que merecía. Como si de Voldemort se tratase. Como profe no dejaba de sentir alivio y frustración. Alivio, por poder darle lo que necesitaba, y frustración por no poder seguir esa misma manera de funcionar, pero desde casa. Desde su casa. Algo es algo, ¿no?

Último año, última oportunidad de hacer entender a la familia las necesidades de Miguel. Comenzaba un curso muy complicado. Llevábamos dos cursos compartidos. Dos años de canciones, de rutinas, de pictogramas, de silencios… Muchos silencios, pero, también, de algún que otro milagro en forma de sonrisa inesperada, de conversación o incluso de gesto. Sabía lo que le gustaba a Miguel. Sabía qué le molestaba, qué le daba seguridad y qué canciones le hacían bailar y sonreír como si el mundo dejara de pesarle. Aprendí, durante estos años, a leer sus gestos, sus manos, sus sonidos sin palabras, pero con significado. Y él, a su modo, también me leía. Me buscaba cuando no entendía algo o cuando me necesitaba.

El último año de Infantil siempre tiene algo especial. Todas esas semillitas que se han ido regando a lo largo de esos tres años, comienzan a dar sus frutos. Ese niño que lloraba nada más soltar la mano de su madre, ahora entra con mucha seguridad a su clase y gritando un «¡buenos días!». Esa niña a la que le costaba abrocharse el abrigo ahora lo hace sin mirar y sin sacar la lengua como gesto de concentración. El lenguaje fluye mucho más, la autonomía se afianza. Se siente la despedida, el final de una etapa. Puedes sentir el orgullo de verlos crecer y la emoción de tener que despedirlos.

En el caso de Miguel, no era así. Al menos no en la misma dirección que el resto. Pero aprendía, claro que lo hacía. No quiero que se me malinterprete: Miguel no era un niño con dificultades de aprendizaje. Aprendía como sus compañeros, con atención, intención y resultados. Lo que le hacía diferente era que su forma de aprender no pasaba por sus emociones. No había una sonrisa cómplice cuando acertaba. Nunca hubo un «mira lo que he hecho». Él lo hacía y punto.

Eso es lo que precisamente le costaba entender a su familia.

Ellos veían resultados, la letra se entendía, la palabra señalada era la correcta, estaba leyendo. Algo que marcaba un hito enorme, como si la lectura fuera el mayor logro del ser humano. Lo único que no veían, o no querían ver, era todo aquello que no puede quedar reflejado en un cuaderno, lo que no puede dibujarse sobre una ficha: las ausencias de miradas, la distancia emocional o la incapacidad para entender a sus compañeros.

Durante el curso hubo muchas reuniones, muchas conversaciones, muchas tutorías. Siempre cordiales, siempre educadas, siempre sonrientes y cooperativas. Pero siempre se podía palpar una tensión en el ambiente, sabiendo que el centro de todas las conversaciones es algo que nadie quiere tocar demasiado. Ellos esperaban que dijera que Miguel estaba bien.

—Claro que está bien…

Eso es lo que ellos escuchaban, ahí se terminaba mi mensaje, a partir de esa frase el resto enmudecía:

—… Claro que Miguel está bien, pero también necesito contaros que vuestro hijo aprende desde un lugar diferente al resto.

Eso ya no querían escucharlo. Y lo entiendo. Claro que les entendía y les entiendo.

Durante años imaginaron un hijo; uno que iba a correr como lo hacen otros niños en los parques, que les iba a mirar con emoción cuando le leyeran el cuento de buenas noches, que compartiría juegos y secretos con su hermana. Un hijo que abrazaría con intención. Miguel estaba en todos esos momentos. Pero no estaba como ellos pensaban. Lo difícil no era verlo. Lo difícil es asumirlo. Hacerlo significaba que ese otro hijo, el que habían imaginado durante tanto tiempo, tantos sueños y tantas ilusiones, no iba a llegar. No porque Miguel no fuera suficiente, sino porque el traje que le habían preparado con tanto cariño no era para él. Y eso duele.

Duele en lugares que no se pueden explicar. Aunque sonrían, aunque digan que no pasa nada. Duele. Es un duelo invisible. Es despedirse de una idea, no de una persona, y ¿quién te enseña a hacer eso?

Hay un punto en el que, como profesor, te das cuenta de que el verdadero reto no está en el aula, sino fuera. Que el camino más largo no lo va a recorrer el niño que tienes sentado en clase, sino su familia. Porque ellos tienen que romper ese traje imaginario y lanzarse a confeccionar otro nuevo. Sin patrones, sin guías. Un traje que le permita moverse y ser como es. Ya podéis imaginaros todo el tiempo que puede llevar eso.

Durante todo este tiempo, Miguel seguía rompiendo barreras, creando su camino. Seguía aprendiendo y avanzando, pero nunca hubo un «mírame». No había bromas de doble sentido. Y no pasaba nada; su mundo era perfecto tal y como lo estaba creando. Era *su* mundo. Estable, seguro y predecible. La familia continuaba entre lo que Miguel era y lo que estaban esperando que fuera. Y no se trataba de resignación. No se trataba de dejar de esperar. Se trataba de romper con las expectativas creadas y aceptar. De dejar de preguntarse «¿por qué no es como los demás niños?» y comenzar a trazar un plan preguntándose «¿qué necesita para ser feliz tal y como es?».

Había un viaje que debían comenzar, pero se negaban a pisar la estación para montarse en aquel tren. Yo estaba esperándolos en la siguiente estación. Con planos, con guías, con todo lo necesario para avanzar. En este tipo de procesos no se puede empujar a nadie a subir al vagón. Se trata de esperar, de ser pacientes, de acompañar. Se ofrece tiempo. Se permite que duela. Y, entre tanto viaje, tren y puentes sin barandillas, Miguel había llegado al final de su etapa en Infantil. Había llegado el momento de la despedida. Lo que ocurra a partir de ahora, no puedo contároslo. Puedo crear un montón de finales. Algunos felices, en los que todo funciona. Otros tristes en los que nunca se llega a aceptar. Pero no puedo. Al igual que la familia se imaginó un camino para Miguel y él solito se encargó de marcar el suyo propio, yo no soy nadie para escribir su historia. No puedo marcarle objetivos, ni visitas imprescindibles.

Miguel, solo espero que seas feliz. En tu mundo, en el compartido, con miradas, con canciones, con dibujos y con silencios que dicen más que todas las palabras del universo.

Reflexión como profesor

Acompañar a Miguel fue una de las experiencias más intensas y frustrantes de mi vida como profesional de la enseñanza. Porque nunca fue él el problema; nunca fue él quien puso las barreras. Las barreras estaban fuera. Eran invisibles, amables. Vestían de buenos modales, de agradecimientos vacíos con promesas que nunca llegaban. La impotencia más grande no viene de no saber qué hacer, sino de saberlo y no poder hacerlo. Cuando una familia cierra la puerta, nos deja a todos fuera: a los profesionales, al apoyo, a la ayuda y, sin quererlo, también a su propio hijo.

No soy enemigo de nadie. No quiero serlo. Ni quiero etiquetas, ni juzgar, ni imponer. Lo único que quiero es ayudar. A veces, lo único que intento es que escuchen. Que se abran un poco. Que confíen. Porque si pudiéramos remar juntos, todo sería mucho más sencillo. No habría que explicar tanto ni justificar. Solo mirar al niño y preguntarse «¿cómo podemos ayudarle hoy?».

Cuando no lo permiten, cuando todo parece una actuación perfecta y tú sabes que detrás hay un niño al que no se le está viendo, entonces te duele. Duele como profesor, como adulto, como ser humano. Porque no se trata de Miguel. Se trata de todos los niños que esperan detrás de una puerta cerrada.

Para las familias que quieren ver de verdad

1. Observar no es juzgar. Es intentar comprender con respeto.
2. Escuchar a los profesionales no os convierte en débiles. Ni en malas familias por no haberlo visto antes. Escuchar y aceptar es un acto de valor y de puro amor.
3. Las etiquetas no definen a un niño, pero sin ellas, a veces, la ayuda no llega.
4. El tiempo importa. Cuando antes se empiece, mucho más lejos se llegará.

ESTRATEGIA 1: **La web que me salvó la vida**

ARASAAC (Centro Aragonés para la Comunicación Aumentativa y Alternativa) es una web gratuita que ofrece recursos gráficos y materiales adaptados para facilitar la comunicación aumentativa y alternativa. Su objetivo principal es proporcionar apoyo visual a personas con dificultades en el lenguaje, oral o escrito, especialmente útil para niñas y niños con trastorno del espectro autista (TEA). Puedes encontrar:

- Pictogramas: miles de imágenes sencillas, claras y universales que representan objetivos, acciones, emociones, rutinas, etc.
- Recursos en varios idiomas.

- Herramientas de personalización para adaptar los pictogramas a las necesidades específicas de cada niño.
- Materiales editables: generadores de calendarios, horarios visuales, secuencias de rutinas, tableros de comunicación…

ESTRATEGIA 2: La caja de regulación

Una de las cosas que tenía preparadas para Miguel en clase era una caja de regulación emocional. Es algo muy sencillo, pero útil. Usé una caja normal, la forré con un color neutro (gris) para que no llamara demasiado la atención y no generara más estímulo de lo necesario. En la parte superior puse pictogramas con caras que representaban distintas emociones: enfado, angustia, nerviosismo… Emociones que podían aparecer con frecuencia. Al lado una flecha que señala el dibujo, y de ella sale otra flecha hacia una cara relajada.. Para darle el mensaje de lo que ocurre al utilizar la caja. La idea era que la caja funcionara como un pequeño viaje emocional. Cuando Miguel se sentía desbordado, podía ir a la caja, reconocer cómo se sentía viendo los pictogramas y utilizar los juguetes para volver a la calma. Dentro había *fidget toys*; objetos manipulativos de todo tipo: cosas para estirar, apretar, girar, objetos pensados para liberar tensión, para reconocer con el cuerpo.

Lo más bonito era que, al terminar de usar la caja, el objetivo no era que estuviera feliz sí o sí, sino que pudiera llegar a un estado de calma o neutralidad emocional, sentirse seguro otra vez. Por eso, era una caja que estaba en un lugar accesible y visible para él en todo momento. Era su caja, por lo que debía tener acceso a ella cuando lo necesitase sin necesidad de solicitar un permiso previo.

Es un recurso muy fácil de montar y que puede marcar una gran diferencia cuando un niño, como Miguel, necesita regularse sin sentirse juzgado, y con la posibilidad de hacerlo a su ritmo y con sus propias herramientas.

ESTRATEGIA 3: **Espacio de trabajo / espacio social**

Otra de las estrategias que puse en marcha con Miguel fue crearle un espacio de trabajo individual, utilizando la metodología TEACCH. Coloqué una mesa en un rincón del aula donde no hubiera demasiados estímulos visuales ni sonoros, buscando que fuera un entorno predecible y tranquilo. Allí tenía sus horarios visuales, pictogramas y materiales organizados, todo muy estructurado. Era su zona de trabajo personal, un lugar donde podía concentrarse y sentirse seguro. También, igual de importante es que trabaje como que se relacione, le puse otra mesa compartida, como el resto de sus compañeros, con su foto, igual que ellos. Esa mesa era para los momentos sociales: la merienda, juegos, actividades en grupo… Así sentía que tenía su lugar también dentro del grupo y no solo en su rincón de trabajo.

Lo más bonito fue ver la evolución. Al principio, ese

espacio individual era fundamental para él. Pero con el paso del curso, Miguel fue ganando autonomía y seguridad, y dejó de necesitar esa mesa individual como zona de trabajo. Lo único que quedó allí fue su caja de regulación emocional, porque eso sí que seguía siendo su herramienta clave cuando necesitaba calmarse. El resto, ya lo podía hacer junto a los demás, en el entorno compartido, con el grupo. Fue una señal muy bonita de cómo crecía a lo largo del curso, tanto a nivel emocional como social.

3.
Cuando enseñar duele

Una historia sobre el silencio del profesorado
y la necesidad de cuidarse para poder cuidar

Laura siempre había amado su profesión. Era de esas personas que de pequeña colocaban, cada tarde, sus peluches en grupo para darles clase al volver del colegio. Con el tiempo se había convertido en profesora de lengua y literatura en un instituto de una gran ciudad, de esos que llaman de difícil desempeño. Su vocación era real, de las que arden por dentro. Y, sin embargo, en vez de avivarla, la estaba quemando en lo más profundo haciendo que le costase respirar.

Últimamente sentía como si la vocación fuera una cuerda de hilos dorados: muy bonita, pero tensa. Y ella se encontraba en medio, tirando de un extremo mientras la dura realidad estaba tirando del otro. Daba clase con una alegría que desbordaba, sí, pero después apagaba las luces de la clase, cerraba la puerta y el cansancio se le pegaba al cuerpo como se les pega el polvo a los libros antiguos. La presión que sentía era constante: burocracia sin sentido, reuniones eternas, correcciones hasta que se le cerraban los ojos y mientras la ciudad dormía. Y lo peor: la sensación de que ella cuidaba a mucha gente, pero nadie cuidaba de ella.

Los alumnos ya no escuchaban como lo hacían antes. Muchos venían con sus propias heridas, algunos incluso con rabia acumulada, y el aula se volvía un campo de batalla más que un espacio donde aprender y descubrir. Un día recibió un correo agresivo de una madre porque su hija había suspendido su asignatura. En vez de querer acompañar y trabajar de manera conjunta, sus palabras y su juicio fueron «no sabes enseñar». Otro día un alumno se le encaró en medio de clase, cuando lo único que le estaba pidiendo era silencio. Nadie hizo nada. La dirección miró para otro lado. Los compañeros le quitaron peso. Pero, para ella, ese peso se cargó nuevamente sobre la losa que ya llevaba en su espalda. Laura comenzó a pensar que quizá el problema era ella. Puede que ya no supiera cómo hacerlo. Ya no se trataba únicamente del cansancio que sentía. Era una mezcla de agotamiento mental y frustración; una especie de niebla que inundaba cada rincón de su ser. Había días en los que Laura llegaba a casa y no podía ni hablar. Ni quería hacerlo. Se quedaba sentada en el sofá con la chaqueta puesta y los zapatos atados. Mirando fijamente a un punto sin ubicación. Totalmente perdida en sus pensamientos y sus emociones. A veces pensaba que estaba perdiendo el norte. O que la pasión se le estaba pudriendo por dentro.

Una mañana de esas que empiezan con el flequillo despeinado, los ojos cerrados y un café en la mano, Laura entró en clase y notó que algo se había roto dentro de ella. Tocaba poesía. Leyó en voz alta el fragmento como siempre solía hacer, pero en esta ocasión, al terminar sus manos temblaban. Sus alumnos la miraban en silencio, perplejos, no entendían qué estaba sucediendo. En ese momento Laura supo que algo no iba bien. No era solo agotamiento. Era una tristeza pesada. Un bloque. Una señal. Una alarma del cuerpo. Esa misma tarde, después de finalizar el día, fue a la biblioteca. A la suya, a la que con tanto mimo había estado creando con libros prestados, regalados, reconstruidos. Se sentó. Respiró profundamente y pensó «¿soy la única que se siente así?». Sacó el móvil y escribió «profesores agotamiento mental». Empezaron a aparecer muchas noticias, estudios y testimonios diferentes. Y los datos le cayeron como un jarrón de agua gélida.

En el curso 2023-24, el 69 % del profesorado que ha sido atendido por el Defensor del Profesor sufría ansiedad. Un 13 % padecía depresiones. Un 16 % ha tenido que coger una baja por estas razones.

Laura tragó saliva. No estaba sola. Pero se sentía perdida.

Encontró una encuesta reciente que afirmaba que casi la mitad del profesorado había sufrido algún tipo de agresión: insultos, amenazas e, incluso, ataques físicos.

En Cataluña y Asturias se disparan las agresiones.

En ese momento Laura recordó al alumno que se le encaró cuando solo le pedía respeto. Ella lo había minimizado, como hicieron todos lo que podían ser su red de apoyo, «son cosas que pasan». Se justifica al agresor. Pero no, esto no debería pasar.

España es uno de los países europeos donde el profesorado presenta mayores tasas de estrés laboral crónico. El estudio del sindicato ANPE señala: más del 70 % del profesorado reconoce haber sufrido algún tipo de síndrome de desgaste profesional, conocido como *burnout*. Más del 30 % de estos casos se han presentado en profesores menores de 40 años.

Laura sentía que algo se revolvía en su interior. No se trataba de un caso aislado, sino de una epidemia silenciosa.

Encontró un dato que le sorprendió especialmente: un 35 % de los docentes se sentía maltratado en su entorno laboral. No solo por alumnos, también por las administraciones, por las familias, por el sistema. Un 13 % admitía haber tenido pensamientos autolesivos.

Volvió a leerlo un par de veces:

Un 13 % admitía haber tenido pensamientos autolesivos.

Un 13 % admitía haber tenido pensamientos autolesivos.

Su estómago se retorció. El vacío se hizo más grande y más oscuro. Sus ojos se llenaron de lágrimas, de las que brotan por el dolor más profundo. ¿Cómo se ha llegado a normalizar esta situación? Este descubrimiento fue una ventana a la más dura de las realidades, pero una puerta hacia el alivio. No estaba loca. No era débil. Estaba atravesando una situación que muchas personas compartían. En silencio. Nadie lo nombraba. Pero ahí estaban. Cifras. Datos. Personas.

Las siguientes semanas, Laura empezó a hablar. Primero, con sus compañeros de confianza. Luego, con otros compañeros de menos confianza. Acabaron montando un pequeño grupo de apoyo. No era nada oficial, solo una razón para tomar café una vez a la semana para contarse cómo estaban. Pero se convirtió en un salvavidas. Se escuchaba sin juicios. A veces, se lloraba. Otras, se reía de puro cansancio. Se comprendía sin tener que dar explicaciones. En ese grupo empezaron a compartir información útil: desde recursos para la gestión emocional hasta artículos que hablaban del impacto del estrés prolongado. Descubrieron que muchos países estaban empezando a implementar programas específicos de cuidados emocionales para profesores. En Finlandia, por ejemplo, se prioriza el bienestar del profesorado como parte de la política educativa. Allí, la salud mental del profesor se considera condición indispensable para que el alumno aprenda bien.

Laura también decidió empezar terapia. No fue un paso sencillo. El primer día no supo por dónde empezar. Cómo le cuentas a alguien que a veces amas tu trabajo y al mismo tiempo estás deseando no volver a pisar un aula nunca más. Cómo le dices que un día sueñas con enseñar a todas las generaciones del mundo y al día siguiente te sientes paralizada en la sala de profesores, y que lo único que quieres es salir corriendo. Poco a poco fue comprendiendo que enseñar, cuando no se acompaña de cuidado, puede doler. Que no era ella la que estaba fallando. El sistema le estaba dejando sin red. Sin apoyo. Comenzó haciendo pequeños cambios. Ya no se llevaba exámenes a casa los fines de semana. Se obligó a no contestar mensajes de trabajo al salir por la puerta del instituto. Volvió a leer por placer, sin pensar en programaciones. Había días mejores y otros peores, pero no sentía que estaba sola. Habló también con la dirección. Les propuso abrir espacios de escucha para el profesorado. Charlas sobre autocuidado. Protocolos más claros para lidiar con situaciones de agresiones. No todo se consiguió, pero algo se movió. Lo suficiente para no sentir que era invisible. Algo cambió. No de forma mágica o rápida, como se espera que sucedan las cosas en educación. Pero volvió a las clases con otra mirada. Seguía amando su profesión. Pero ya no estaba dispuesta a dejarse la salud en ella. Ya no iba a seguir confundiendo compromiso con sacrificio. Algo que también enseñó a sus alumnos. Les hablaba de salud mental. Les enseñaba que un poema puede ser un refugio, pero que también puede servir para pedir ayuda como acto de valentía. Les mostró su lado más vulnerable, que los adultos también se rompen, pero se recomponen. Les enseñó a ser personas y a convivir.

Laura entendió que no era una excepción. Ella era un espejo. Un capítulo de una historia de muchos. Lo que más le dolía era que, durante años, se había sentido responsable de algo que no era culpa suya. Cuidar a los profesores no es un lujo ni un premio. Es una urgencia. No se puede construir un colegio sano con un equipo que está roto. No se puede pedir dedicación sin ofrecer apoyo real. No se puede seguir ignorando las emociones del docente. Ahora Laura cuenta lo ocurrido en voz alta. En charlas, en congresos, en claustros. Con un café en la mano. Con el flequillo bien peinado y los ojos muy abiertos.

Por supuesto, no hace falta que todo cambie mañana mismo. Pero hay que empezar. Hay que querer mirar. Querer escuchar. Querer nombrar. Hay que dejar de romantizar la labor docente. Nadie debería dejar de amar lo que ama por falta de cuidado.

ESTRATEGIA 1: **Horarios con límites reales**

Márcate una hora de salida del trabajo y cúmplela como si tuvieras una cita importante. Esa cita importante eres tú. Evita llevarte cosas que corregir a casa los fines de semana. No respondas a correos fuera del horario laboral. Ponerte límites no te hace menos profesional. Hace que te cuides para poder seguir al día siguiente.

ESTRATEGIA 2: **Rutinas de autocuidado**

No hace falta que te apuntes a yoga ni meditar una hora al día. A veces basta con un paseo sin móvil, una merienda en silencio o leer algo que no tenga nada que ver con tu trabajo.

Encuentra algo que te devuelva a ti, aunque sean solo diez minutos.

ESTRATEGIA 3: **Habla**

Busca alguien con quien puedas desahogarte sin miedo. Sin juicios ni explicaciones. Prepara un café o un grupo de WhatsApp que no sea de trabajo. Puedes nombrarlo *La llo-rería* o *Adulting sin manual*. El aislamiento es el caldo de cultivo del agotamiento. Si necesitas más información te dejo por aquí la web del Defensor del Profesor (ANPE):

www.anpe.es

4.
La última puerta
al final de las escaleras

Una historia sobre una escalera que suena
y unas paredes que escuchan

¿Sabes que a veces los cuentos no empiezan con «Érase una vez…»? A veces los cuentos empiezan con un pequeño escaloncito que suena «ñiiiic» cuando lo pisas. O con una pequeña lamparita que hace sombras de dragones en las paredes del cuarto. O con una niña que tiene cuatro años (casi cinco) y dos coletas: una siempre perfecta y la otra un poco a un lado. Sigo aprendiendo a peinarme.

Me llamo Lucía, y este cuento no me lo ha contado nadie. Lo juro. Me lo he inventado yo solita, pero creo que es de verdad. Se llama *La última puerta al final de las escaleras*, porque es ahí donde siempre terminan las cosas importantes. Esa puerta no se abre con llaves normales. No. Necesita palabras mágicas. Todavía no sé cuáles. Estoy aprendiendo.

Mi hermano Marcos dice que deje de imaginarme cosas

raras, que no diga las cosas que veo, y es que yo veo muchas cosas, ¿sabes? Cosas que no siempre se ven con los ojos. Veo, por ejemplo, que mamá ya no baja a estar conmigo. Que papá habla más con su teléfono que con nosotros. Que mis peluches me escuchan mejor que ellos. Pero también veo otras cosas. Veo que el sol aparece siempre por la misma ventana. Que los escalones creo que tienen memoria. Que hay secretos buenos y secretos que hacen que me sienta muy triste. A veces, cuando me quedo muy quieta y en silencio, puedo hasta escuchar cómo late el corazón de mi casita.

Este cuento tiene magia. Pero es que así son los mejores cuentos. Me encanta la magia. Aunque también hay momentos que no son tan especiales, empujones en el cole, pinturas rotas o enfados que se me quedan dentro y no sé cómo sacarlos. Por eso estoy contando esta historia. Un cuento no tiene que ser bonito siempre, ¿no? Hay veces que solo tienen que ser de verdad.

Mi casa tiene un montón de cosas superbonitas: sillones enormes, alfombras muy muy suaves y una megaventana que es por donde entra el sol mientras desayunamos antes de ir al cole. Mamá ya no baja al salón. Dice que está muy cansada, pero yo creo que está esperando algo. Cuando subo a verla a su cuarto siempre está tumbada con agua en sus ojos.

Un día me dijo muy bajito:

—Lucía, vas a tener un hermanito, pero el bebé necesita que le cuide muchísimo y por eso tengo que quedarme tumbada. Pero no quiero que te preocupes, todas las mañanas puedes venir a que te peine antes de irte al cole, ¿quieres?

Claro que sí. Me encanta cómo me peina mamá. Siempre se inventa peinados superdivertidos. Me imaginé al bebé, encerrado, como mamá. Esperando que alguien abriera la puerta al final de las escaleras.

En el cole suelo romper las pinturas de mis compañeros. Empujo. Suelo gritar. Me gusta que me aparten de mis compañeros. Se está a gusto lejos de los demás. Nadie me molesta ahí. Hay veces que imagino que ese rincón es mi habitación secreta. Allí vive un pequeño ratón que escucha sin decir nada y, a veces, me presta una estrella pequeñita para que no tenga miedo. Mi profe se llama Javier. Tiene barba. Cortita. Al principio me caía mal. No deja de mirarme. Después me di cuenta de que no lo hacía enfadado, que me miraba para cuidarme. Un día me dejó hasta su abrigo en el patio porque se dio cuenta de que tenía frío. A papá se le había olvidado darme el mío antes de salir de casa. Papá es muy despistado. Y ese día hasta llovía, pero papá no se dio cuenta. Mamá no es así. Ella siempre sabe lo que necesito antes de yo saberlo.

A veces pienso que el cole es otro cuento, como esos de libros grandes. Allí hay profes con voces muy bonitas y hay colores en las paredes. Un día me llevé mi cuento favorito en secreto al patio. Se lo conté en voz muy bajita a mi amiga. Le dije que había una princesa que no podía bajar porque alguien había cerrado la puerta con un hechizo. Solo se podía abrir si una niña valiente encontraba la llave con su corazón. Mi amiga se rio mucho. Me dijo que eso es una tontería. Yo sé que es verdad. No es una tontería. Es una historia de verdad. La princesa es mi mamá y yo quiero ser esa niña valiente.

Esa noche soñé que volaba por encima de mi casa y del cole montada en un unicornio rosa. Lanzaba purpurina. ¿Te digo por dónde? Jiji. ¡Por el culillo! Jijiji. El unicornio me dijo que el amor de verdad puede abrir todas las puertas que están cerradas. Yo tenía mucho amor, pero primero, me dijo, tenía que aprender a usar mi voz como si fuera una varita mágica.

Ese sueño estuvo chulo. Pero no siempre es así. Hay noches que me despierto porque tengo sueños que hacen mucho ruido. Marcos me dice que me tape los oídos.

¡Ah! Se me olvidaba. Marcos es mi hermano mayor.

Es difícil hacer que mis sueños se queden en silencio. Cuando todo está calladito es cuando más se escuchan las cosas tristes.

Mamá me contó una vez que, cuando yo era pequeña, venía de su cuarto y bailaba con música. Me cantaba canciones muy bonitas. Pero ahora mamá está arriba. Escondida. Un día le pregunté por qué estaba castigada. Ella me miró muy triste y me dijo que era más complicado que eso. Que a veces las personas buenas se quedan atrapadas sin saber cómo salir. Le dije lo de mi llave mágica. En mi cuento la princesa salía de la habitación. Mamá sonrió. Un poquito. Me abrazó y me dijo:

—Ojalá fuera así de fácil, mi amor.

Me saqué del bolsillo una piedra que me había encontrado en el patio del cole y se la regalé. Era superredonda y muy suave. Se la puse en la mano y le dije:

—Esta es una piedra valiente, tiene poderes mágicos y sirve para cuando no sabes qué hacer.

Un día mi profe me dejó quedarme en clase mientras los demás estaban en el patio. Me dio muchos papeles y colores. Incluso rotus… ¡Cómo me gustan los rotus! Dibujé una casa con una escalera con muchos escalones y al final una puerta de colores con un corazón rojo. Le dije a mi profe que es la última puerta al final de las escaleras. Me preguntó qué había detrás de esa puerta. Yo le conté que allí vivía una princesa con el corazón roto y un bebé que también está esperando a salir.

Mi profe no dijo nada. Ni «muy bien», y eso que me había salido increíble el dibujo. Los escalones eran todos iguales. Eso son un montón de rec-táááán-gu-los, es la palabra que hemos aprendido esta semana. De todas formas, creo que mi dibujo le gustó mucho porque me dijo si se lo podía regalar. Yo le dije que sí, pero que me lo tenía que devolver. Quería dárselo a mi mamá cuando estuviera bien.

Después del cole, vi a mamá en la mesa de la cocina. Sentada. Parecía que no sabía qué hacer. Esa noche escuché a papá hablar sobre un correo que había escrito mi profe. Papá lo leyó muchas veces. Mamá estaba en silencio. También escuché una puerta que se cerraba muy fuerte y a mi mamá llorar. Bajé las escaleras despacito y vi a mi mamá con el móvil en la mano. Me dijo que era un mensaje importante. Dice que mi profe le contaba que había un sitio que ayudaba a mamás como ella. Yo no entendía nada, pero parece que estaba sonriendo. Eso es bueno, ¿no? Ahora, cada noche antes de dormir, cierro mis ojos y cuento mi cuento entero:

«Había una vez una casa muy grande, con muchas cosas chulas y unas escaleras muy largas que crujían cuando las pisabas. Al final, había una puerta cerrada. Dentro estaba esperando una princesa dormida. Fuera, una niña valiente buscaba sin parar una llave que abriese la puerta. La llave no era de metal, ni de oro. La puerta se abría con una palabra. Una que no había dicho nadie en mucho tiempo: ayuda.

Cuando la niña valiente dijo esa palabra, la puerta se abrió y la princesa pudo bajar las escaleras».

Reflexión como profesor

La historia de Lucía me removió muchas cosas. A veces, como profesores, etiquetamos rápido. Decimos «es una niña complicada», «muy disruptiva». Y, sí, eso es lo que se ve en el aula: empujones, gritos, rabietas descontroladas, trabajos rotos. Pero lo que no se ve, lo que cuesta ver, y que duele, es todo lo que hay detrás de ese comportamiento.

Cuando todo salió a la luz, lo primero que sentí fue rabia. Rabia conmigo mismo por no haberlo visto antes, por haber tenido todas las pistas delante y no haber sido capaz de unirlas. Por no haber entendido que esa conducta era un grito de socorro. Lo siguiente fue la impotencia. Porque, claro, tú quieres hacer más. Quieres ir a su casa, abrir esa puerta tú mismo, sacar a la madre y a los hijos, llamar a quien haya que llamar y resolverlo. Pero no puedes. Legalmente no puedes. No sin denuncia. No sin pruebas. No sin colaboración.

Y eso me frustra lo más grande. Lo único que me queda es acompañar. Estar ahí. Mirar sin juicio. Escuchar. Enviar un correo. Ofrecer mi ayuda. Mostrarle a la madre que no está sola, que hay salidas. Pero también sé que hay miedo. Y que muchas veces, lo único que puedes hacer como profesor es ir construyendo una confianza. Y, sí, uno se siente muy pequeño frente a estas situaciones. Porque no te forman en la universidad para lidiar con casos de violencia de género. Te forman para dar clase. Pero aquí estoy, conteniendo historias que duelen, historias que me desbordan. Intentando que mi aula no sea solo un lugar para aprender, sino también una segunda oportunidad.

Lucía no me dijo con palabras lo que sucedía. Me lo contó con dibujos, con gestos y con su comportamiento. Me dejó ver lo que ocurría al salir de clase. Si lo cuento no es para buscar héroes o villanos. Es para que nos permitamos ver más allá. Que no nos quedemos únicamente con lo que nos muestran porque puede ser el reflejo de algo más grande. Muchas veces pienso que me encantaría haber llegado antes, pero que, en estas situaciones, cuándo llegar es lo de menos. ¡Ah! Y que las niñas más pequeñas pueden llegar a abrir las puertas más grandes que hay al final de las escaleras.

ESTRATEGIA 1: Crear espacios seguros y de calma dentro del aula

En clase preparé un espacio muy sencillo con cojines y césped artificial. Es un espacio de calma al que poder acudir cuando se necesite. Al principio puedes pensar que se va a usar para escaparse de las clases, pero no es así. Le van dando el valor que tiene.

ESTRATEGIA 2: Mantener límites claros con cariño y constancia

Una de las cosas que más me ha costado, pero que más me ha convencido con el tiempo, ha sido mantener los límites claros, incluso cuando sabía que su conducta venía de un lugar que le estaba doliendo. Por mucho que entendiera que su manera de romper trabajos, empujar o pegar respondía a vivencias complicadas en casa, no podía permitirlo. En clase hay normas que protegen a todos, y eso también la protegía a ella. Así que cada vez que se rompían esos límites, se lo marcaba con calma, sin castigos, pero con mucha firmeza. Porque los límites en la infancia dan seguridad, son el camino por el que transitan, aunque los pongan a prueba constantemente. La clave es la constancia, que no sea un día sí y otro no. Siempre con cariño, con paciencia, sin perder de vista que detrás del enfado había una niña que estaba desbordada.

ESTRATEGIA 3: Facilitar información y apoyo sin personal educativo

Tras todas las conversaciones creí necesario facilitarle información valiosa que no tiene por qué conocerse. No sabía si iba a funcionar, pero le mandé un correo contándole algunos recursos a los que puede tener acceso sin necesidad de denuncias. Llamé al 016 para solicitarles información y una explicación del funcionamiento y eso se lo trasladé a ella. Intenté en todo momento no presionar, no juzgar. Solo quería poner delante opciones por si en algún momento quería utilizarlas. O se sentía con fuerzas para hacerlo.

5.
Cuando llegó Sofía

*Una historia sobre la caída de un recinto
y una amistad para siempre*

Durante cuatro años enteritos, Claudia había reinado en su pequeño universo con la autoridad indiscutible de una emperatriz de las mantitas y batidos de frutas. Nadie cuestionaba su dominio sobre el sofá del salón, su derecho a elegir qué capítulo de *Bluey* que ver, aunque se hubiera visto un centenar de veces, o su discurso grandilocuente sobre por qué no iba a cepillarse los dientes antes de salir de casa. Pero entonces ocurrió. Llegó el fin de una era. El cataclismo en todas sus formas. El derrumbe del orden establecido durante cuatro magníficos años. Insustituibles. El apocalipsis del mundo infantil y de los hijos únicos.

Llegó Sofía; su hermana.

Sofía no llegó a casa en una nube, ni en un globo de helio rosa como lo había imaginado Claudia. Llegó en un cochecito. Su cochecito de cuando era bebé, solo que esta vez, en lugar de rodar las ruedas como si flotaran por el aire, chirriaban como quejándose de aquella traición de sus propios progenitores. Sofía lloraba sin descanso. Siempre estaba en los brazos de mamá. Claudia no entendía cómo era posible que alguien tan pequeño cambiara tanto las cosas.

—¿Por qué llora si no le hemos hecho nada malo? —preguntó una vez muy preocupada.

—Es un bebé, Claudia. Los bebés lloran mucho.

En ese momento Claudia tuvo una superidea. La más de las fantásticas ideas. No sabía cómo no se le había ocurrido a alguien antes, pero está claro que eso hacía de esta idea algo mucho más especial. Cuando fuera mayor, formaría el Club de los Antillantos. En ese momento podría exigir una ley para que todos los bebés del mundo mundial se comunicaran con percusiones de sonajeros en vez de con gritos y llantos sin sentido.

Las cosas no mejoraron en un tiempo. Su padre, antes una persona muy entusiasta que disfrutaba mucho construyendo con los bloques y que era el ganador imbatible de los concursos de eructos provocados, ahora era un experto en cambiar pañales con una sola mano y con los ojos aún sin despertar. Repitiendo la misma canción de cuna como si fuese el éxito de Eurovisión. Mamá se había convertido en una criatura diferente: con ojeras, despistada, y con un olor constante a colonia de bebé y galletas baboseadas. Claudia, por su lado, sentía que poco a poco se iba convirtiendo en invisible. Y no del modo chulo de las pelis de superhéroes. Era una invisibilidad que la ponía muy triste. Como cuando desaparece tu calcetín de la suerte dentro de la lavadora.

En el cole su profe notó algo diferente en ella.

No fue que Claudia se volviera agresiva o que llorara más de lo habitual. No, era algo más sutil que todo eso. Era su silencio en los momentos de ruido. Su manera de mirar las cosas, pero no queriendo interactuar con ellas; la forma en la que parecía tener su sonrisa aprendida, pero no con sentimiento sino porque tocaba sonreír. Y esa sonrisa. Esa que antes salía sola y que era ruidosa, ahora parecía que tenía que venir con cita previa. Sonreía como el que le sonríe al camarero como sustitución de un «gracias». Ya no era esa sonrisa que nace desde lo más profundo y te hace cosquillas por dentro. Vale, sí que hubo algún que otro empujón, pero no con intención de hacer daño a nadie. Era como si estuviera intentando crear un espacio solo para ella. No conocía otra manera de hacerlo. Directo y eficaz. Un empujón. Al final los movimientos aparecen cuando las palabras escasean. Se llama «recursos» y con esa edad no pretendía que los tuviera. El empujón ya hablaba por sí mismo, solo hacía falta que alguien fuera capaz de escucharlo.

Desde el primer momento, la familia y el profe remaron en la misma dirección. Qué gran suerte. Qué pocas veces ocurre. Es mágico, de verdad que sí. No hubo reproches, ni negociaciones, ni prisas, ni dudas. Solo respeto. Comprensión mutua. El entendimiento de que cuando un niño empieza a apagarse, hay que ayudarle a encender su luz entre todos. Poco a poco. Con cuidado. Paciencia.

Hubo un momento que gritó por sí solo. En clase surgió la pregunta de «¿qué quieres ser de mayor?», aparecieron las esperadas respuestas de veterinario, policía, doctora, super-héroe, tiktoker (porque sí, también quieren ser eso ya desde pequeños). Pero Claudia no respondió nada de eso.

—No lo sé. Algo que no se pueda cambiar.

Jarrón de agua fría. Helada.

Esa respuesta no viene en los manuales. No nace de la teoría más general. Esa respuesta nace desde el corazón que sufre. Desde un lugar que no se entiende ni se puede comprender. Nace del sentimiento de soledad. De abandono. De ser reemplazado. Nace de la incomprensión.

—¿Cómo qué, por ejemplo? —respondió su profe.

Claudia se quedó pensándolo. Muy mucho. La clase supo que tenía que esperar. Que no era momento de interrumpir. Claudia merecía su tiempo. Y se lo dieron.

—Como… ¿Un semáforo? Nadie quita los semáforos porque haya un bebé.

Borja, el profesor, supo de dónde venía esa tristeza y ese enfado. No quiso darle respuesta, pero sí tiempo. Cada día comenzó a crear más excusas para estar cada vez más cerca. No inmediatamente. No como una charla profunda de esas que tienen los mayores. Sino con juegos, con presencia, con escucha, con bromas tontas. Como una vez que fingió que había un unicornio atrapado en clase y pidió ayuda para sacarlo usando solo lápices y canciones inventadas. Claudia se rio con aquella aventura. Un poquito, pero fue un poquito que se sentía como cambio. Mientras tanto, en el fantástico mundo creado por Claudia, donde pasaba mucha parte del tiempo, las cosas eran un poco diferentes. Las zapatillas hablaban entre ellas de lo mucho que echaban de menos ir al parque a correr y saltar. Las galletas del desayuno hacían carteles porque ya solo importaba el bote con el que mamá y papá preparaban la comida de Sofía. Hasta algunos juguetes habían desaparecido, se habían ido en busca de alguien que quisiera pasar tiempo con ellos. Pero quien más hablaba con Claudia era su elefante Pipo. Pipo tenía la voz muy dulce para ser un elefante. Era una mezcla entre voz de algodón de azúcar y siesta.

—¿Sabes que sigues siendo tú, aunque ahora todo parezca distinto? —le decía Pipo.

—Pero antes era yo la protagonista. Ahora soy como… Otra cosa. No sé. ¿Sabes? Soy como las nubes que pinto en los dibujos. Están, siempre están, pero nadie las mira.

—A veces, las nubes son las más importantes. Dan sombra y también agua para poder beber y regar todo el campo. Ayudan a todas las plantas y animales del mundo.

—Ya, pero a mí nadie me ayuda —se enfadaba Claudia.

—Bueno, todavía.

Y, aunque Claudia no siempre entendía lo que su elefante Pipo quería decirle, le gustaba escucharle. Su voz la hacía sentir tranquila.

Su profe tenía un plan.

Había empezado a crear un cuaderno con todas las historias disparatadas y momentos divertidos de su clase. Estaba creando un cuento donde mezclaba ideas suyas con cosas que les escuchaba decir. Les estaba creando un cuento en forma de recuerdo a cada uno. En sus cuentos había personajes de todo tipo: una jirafa con vértigo, una piedra que quería ser pompa de jabón y una emperatriz que vivía en una mochila de colegio y que había perdido su corona por culpa de una hermana bebé que todo lo tira. Cada semana, su profesor les leía un trocito al finalizar el día, sin decir de dónde salía la inspiración. Pero Claudia empezó a sospechar. Esa emperatriz tenía una sonrisa parecida a la suya. Y una colección de calcetines desparejados de la suerte, como ella. Y una tristeza que le costaba entender, como la suya.

Una tarde, al terminar las clases, Claudia se acercó con cara seria.

—¿Esa emperatriz es de verdad?

Su profe sonrió.

—Sí.

—¿Y sabes dónde está su corona?

—Ni idea, pero lo que sé es que no necesita una corona para ser importante.

Esa noche, Claudia, soñó que la emperatriz y su hermana bebé jugaban a construir castillos. Con cojines, con cintas de vídeo antiguas y con abrazos. La mañana siguiente algo había cambiado. Sofía empezaba a gatear. Su primer objetivo fue la torre de bloques que Claudia había construido con tanto mimo e ingeniería milimétrica. Su hermana, con la precisión de una excavadora de demolición, la tiró sin ningún miramiento. Claudia gritó; Sofía aplaudió. En ese momento su siguiente trayectoria fue su hermana. El gateo fue fugaz, impulsada por el amor a su hermana. Sofía la abrazó. Claudia sonrió.

El curso siguió avanzando y Claudia volvió a dibujar. Jugaba más. No del todo como antes, distinta. Más abierta. Más ella. Recuperando la luz que casi termina por apagarse. Y en casa, una noche, mientras papá cambiaba a Sofía y mamá cantaba sin parar para distraerla, Claudia apareció con una pequeña hoja doblada. Era un dibujo: mamá y papá; Sofía y Claudia, en medio. Arriba, escrito con letras medio torcidas y alguna girada:

FAMILIA

Reflexión como profesor

Cada niño es un mundo. A veces decimos esa frase casi como una muletilla, pero es que es verdad. Y cuando llega un hermanito o una hermanita, ese mundo se puede mover un poco o tambalearse del todo. Hay niños que lo viven con ilusión desde el minuto uno y otros a los que les cuesta más colocarse en la nueva foto de familia. Y eso no tiene nada que ver con ser celoso, egoísta o inmaduro. Tiene que ver con que su mundo cambia y no todos los niños tienen, todavía, las herramientas para entenderlo, nombrarlo o gestionarlo. A veces no pasa nada, de verdad. A veces no hay ningún problema. La niña o el niño se adapta, se reajusta y sigue su camino tan feliz. Pero otras veces sí hay señales. Pequeñas. No suelen venir en forma de pataleta desmesurada (aunque también puede pasar). A veces se trata de una tristeza más difícil de ver; o cosas que ya no hacían que se vuelvan a repetir, como mojar la cama por las noches. Pueden estar más irritables, inseguros, más demandantes. No lo dicen directamente, pero se nota. Hay algo que ha cambiado. Por eso es importante no ir con miedo, y sí ir con los ojos muy abiertos. No suponer que va a haber un problema, pero tampoco dar por hecho que todo irá bien sin acompañamiento. Si se detecta a tiempo, con naturalidad, con escucha, con presencia, se puede hacer muchísimo. Sin grandes intervenciones, sin agobios, únicamente con conexión de calidad.

Desde el colegio, esto se nota muchas veces en los pequeños gestos. En cómo se relacionan con sus compañeros, si hay cambios en su manera de jugar o en su lenguaje corporal. Si desde casa se mantiene una comunicación fluida con el profesor, todo va mucho mejor. Hay que trabajar juntos. Familia y profes vamos en el mismo barco. Si nos entendemos y compartimos lo que vemos, todo irá mucho mejor y será más sencillo.

ESTRATEGIA 1: **Debe tener su sitio**

Cuando llega un bebé, hay una reorganización natural del espacio en casa. Cambia la rutina, cambian los horarios, cambia hasta la distribución del salón, pero dentro de esos cambios, es importante que la niña o el niño, que se ha convertido en hermana o hermano mayor, conserve un espacio propio. No hace falta que sea un cuarto entero. Puede ser una caja con sus cosas que nadie más toque. Un rincón para sus dibujos. Una estantería con sus cuentos. Algo que diga «esto es tuyo y únicamente tuyo».

ESTRATEGIA **2: Cuentos que ayudan a entender**

Los cuentos funcionan muy bien para iniciar o animar a hablar. A veces creemos que para hablar de emociones hace falta una charla profunda, y lo cierto es que muchas veces es mucho más sencillo si lo hacemos a través de un cuento. Puede ser un cuento sobre hermanos o una historia que refleje las emociones que puede estar sintiendo. El cuento funciona como espejo. Les permite ver lo que sienten, ponerle palabras. Hay muchísimos recursos disponibles. Incluso puedes inventarte el tuyo propio.

ESTRATEGIA **3: Hacemos piña**

La comunicación entre el colegio y la familia es clave. Compartir lo que se ve en casa y lo que se observa en el colegio ayuda a tener una visión completa. Si algo empieza a chirriar, si vemos que algo no encaja, no podemos tener miedo de pedir ayuda. Aquí puede entrar, también, la figura del psicólogo infantil. Ir a un profesional no es un drama. No significa que haya un «problema grave»; significa que queremos hacerlo bien. Igual que vamos al médico si algo nos duele, también se puede ir a un psicólogo si lo que nos duele no se ve, pero se siente.

ESTRATEGIA 4: **Tiempo de calidad**

Esta es, sin duda, la que siempre menciono en mis tutorías. Porque la niña o el niño mayor necesita saber que sigue habiendo un espacio de conexión exclusivo con sus figuras de referencia. No hace falta montar un megaplanazo. No hace falta gastar dinero. A veces basta con ver un capítulo de *Bluey* juntos en el sofá. O bajar a tirar la basura. O acompañarle a lavarse los dientes y hablar un rato de cómo ha sido su día. Cinco minutos de presencia plena, de escucha activa, valen más que un parque de bolas de tres horas en el que mi mamá o mi papá están pegados a la pantalla de sus móviles. Que mamá o papá puedan estar con ellos, pasando tiempo de verdad, sin interrupciones, aunque sean diez minutos, los carga emocionalmente de una forma increíble.

No se trata de compensar el tiempo que no podemos pasar con la hermana o el hermano mayor por tener que reorganizar mi tiempo. Se trata de sostenerlos emocionalmente. Lo que intento desde el cole, y lo que animo a hacer a las familias desde casa, es mirar con atención, escuchar de verdad y acompañar sin juicios. La llegada de una hermana o un hermano no es un «problema que hay que resolver», sino una etapa que hay que cuidar y acompañar. Puede traer celos, sí, pero también puede ser una oportunidad maravillosa para inculcar empatía, actos de compartir y entender que el amor no se reparte: se multiplica.

Si alguna vez vuestra hija o hijo mayor lo pasa mal, solo tenéis que recordarle que ahí estáis vosotros para escucharle, entenderle y arroparle. No hay nada más poderoso como el sentimiento de seguridad. De sentirse a salvo.

6.
Los zapatos del revés

Una historia sobre el TDAH en una etapa
en la que todavía no saben atarse los cordones

Río siempre se ponía los zapatos del revés. No por estar despistado. Bueno, sí, también. Pero porque decía que así caminaba más rápido. Y eso a él le parecía una megaventaja. Su padre se los cambiaba cada mañana antes de llegar al colegio, con una paciencia infinita. Pero antes de entrar por la puerta ya estaban otra vez cada uno en el pie equivocado. Y así, con los velcros desatados y las rodillas llenas de tiritas de todos sus dibujos favoritos, Río llegaba a la clase de los erizos. Esa clase no era una clase cualquiera. En ese pequeño espacio o sociedad, convivían personajes de lo más pintorescos: estaba Lucía, que se sabía los nombres de todos los dinosaurios que habían pisado la Tierra; Dani, que decía que de mayor iba a ser un astronauta famoso, y Luna, que cada lunes traía una piedra mágica especial distinta. Y, por supuesto, dentro de la clase de los erizos, estaba Río, que no paraba ni un segundo. Siempre en movimiento.

Río no andaba, corría. No hablaba, gritaba. No observaba con paciencia, se lanzaba a la aventura. Era una mezcla perfecta y maravillosa entre un tornado y un cálido abrazo. Una energía desbordada que inundaba todo espacio que pisaba. Y, si había un mueble con una esquina, Río iba directo a ella. Si había una pared libre, Río le saludaba con la frente. Si había una emoción, Río la vivía como si fuera la última del planeta. A los cinco años, Río ya había coleccionado más rasguños y chichones que Piratix.

Su profe, Manu, lo miraba cada día como quien mira una novela nueva. Porque con Río, cada jornada era una aventura diferente. Había días de calma, donde se concentraba juntando piezas de puzles imposibles con una paciencia gigantesca, y había días de locura, en los que un lápiz perdido o que le quitasen el sitio de la fila, bastaba para que todo el universo se le viniera encima. Manu, lejos de ponerle una etiqueta, decidió observarle. No con lupa. Con ojos grandes y el corazón preparado para comprender. Él ya había visto otros niños como Río. Niños con una necesidad de movimiento tan grande que no les cabe en el cuerpo. Con cerebros que van a mil kilómetros por hora y emociones que las sienten a flor de piel.

Claro que se murmuraba «ese niño tiene que ser TDAH, fijo». Otros dejaban espacio a la duda: «Tiene algo, ¿verdad?». Y, sí, Río tenía algo. Cinco años. Manu no negaba que, a veces, pensaba en esa posibilidad. Incluso llegó a transmitirle su preocupación a la familia. Las sospechas estaban ahí. No eran nuevas, ni tampoco algo descabellado.

Pero también sabía que Río tenía sus momentos de concentración. Daba igual lo que ocurriera a su alrededor. Cuando conseguía concentrarse no había nada que le perturbara. Escuchaba con atención cuando el cuento le apasionaba. Preguntaba con entusiasmo cuando quería descubrir y resolver un porqué. Esa misma impulsividad, muchas veces, nacía más de la emoción que del descuido. Río no necesitaba, aún, un diagnóstico. Necesitaba tiempo. Espacio. Y adultos que le acompañasen sin corregirle constantemente. No porque no hubiera que ponerle límites, sino porque un niño no se construye a base de etiquetas, sino de acompañamiento.

Eso es justo lo que hacía cada día Manu. Le daba una estructura. Unas rutinas claras. Siempre sabía qué venía después, y con qué compañero podía sentarse para que le ayudase a estar más tranquilo. Se anticipaba a sus momentos de frustración, aunque le dejaba vivirlos. Le daba pequeñas responsabilidades, esas que podía llevar. Cuando se equivocaba, no había un castigo. Se encontraba con nuevas oportunidades, más herramientas. A Río no le molestaba equivocarse, lo que no soportaba era que le corrigieran delante del resto de la clase. Por eso Manu aprendió cómo acercarse: una señal, una palabra al óxido, una mirada cómplice. Sabía también que, al llegar del patio, necesitaba tres minutos para calmar su cuerpo. Que no era bueno darle muchas instrucciones a la vez. Que, si le ofrecía elegir entre dos cosas diferentes, se sentía parte de la decisión. Y que, si le daban un espacio para moverse sin peligro, podía volver mucho más centrado y preparado. Río necesitaba moverse, pero también necesitaba que le enseñaran cómo parar. No con gritos. No con amenazas, sino con ejemplo. Con respiraciones. Con cuentos donde los personajes aprendían a calmarse. Dentro de clase, había una zona de biblioteca con cojines blanditos y un césped que invita a tumbarse. A veces Río pedía ir a tumbarse, otras veces era Manu quien que le acompañaba.

Durante los patios, la cosa era un poquito más complicada. Río era puro motor, y entre tanto columpio de madera y toboganes de metal, parecía un personaje de dibujos animados corriendo sin un destino específico. Se lanzaba al suelo sin miedo, jugaba a ser un ninja, escalaba por donde no debía. Muchas veces aparecían las heridas, los rasguños, los chichones y los llantos desconsolados. Hubo un día que marcó una diferencia. Estaban jugando en grupo dentro de clase, construyendo un castillo con bloques. Un compañero le quitó una pieza que él estaba usando. Aquello iba a ser un drama. Drama grande. Gritos. Explosión de llanto. Frustración a tope. Pero en esta ocasión, nada de eso ocurrió. Se acercó a contarme lo que había sucedido de manera relajada y entre los dos encontramos la solución que necesitaba. Sin darse cuenta, Río había empezado a construir su propio castillo en su interior. Uno que le daba seguridad y calma.

Claro que seguían las sospechas. No había un diagnóstico. Pero Río era muchas más cosas también. Era capaz de parar. De pensar. De aprender. Su cerebro era como un campo en primavera después de unas lluvias torrenciales: brotaba por todas partes, sin orden, pero lleno de vida. La infancia es ruidosa, desordenada y muy intensa. Y Río era un niño. Con todo lo que eso implica. Lo que pasa es que muchas veces no se nos permite ser niños. El mundo quiere niños tranquilos, organizados y silenciosos. Río era como tenía que ser: un niño en construcción. Manu estaba ahí para acompañarle. No para cambiarle. No para contener su forma de ser. Sino para darle las herramientas que le sirvieran para construirse por dentro. Poco a poco y respetando su ritmo. Como se atan los cordones cuando uno está aprendiendo: a veces del revés, pero siempre con ganas.

Reflexión como profesor

Río es uno de esos niños que te sacuden. Que te enseñan más de lo que tú crees estar enseñando. Que te obligan a repensar dónde estás y a quién tienes delante. Y, aunque sea agotador, es una suerte.Lo más difícil no es acompañar a niños como Río, lo más complicado es acompañarlos sin dejarse arrastrar por la urgencia de ponerles una etiqueta. Porque claro, si le pones una, ya parece que sabes lo que viene, como si eso resolviera el misterio y nos diera el manual que estábamos necesitando.

Las sospechas de TDAH estaban y están ahí. A veces, incluso, gritan más fuerte que él. Pero si algo he aprendido es que un diagnóstico no debe ser una razón para corregir, sino una referencia para acompañar. Río necesitaba moverse. Mucho. Muchísimo. También necesitaba poder moverse sin que todo el entorno lo viviera como una amenaza.

Necesitaba adultos que no se asustaran por sus emociones desbordadas, sino que supieran que esa impulsividad forma parte del camino. Que está aprendiendo a ser una personita, y eso conlleva muchos años. Claro que se ponía los zapatos del revés. ¿Y qué? Educar, acompañar, crecer… Todo eso lleva tiempo. Y si el niño tiene momentos de atención, si es capaz de escuchar, de frenar, de pensar, entonces claro que estamos a tiempo. Siempre estamos a tiempo. No se trata de negar los posibles desafíos. Se trata de ver lo bonito que hay en el proceso. En cada pequeño paso. En el orgullo de conseguirlo. Así que, a ti, profe, mamá o papá que está leyendo esto: no tengas miedo al desorden o al ruido o al movimiento. Lo importante es estar. Pero estar de verdad, con intención. Porque al final terminan construyendo su pequeño castillo dentro.

Qué más da que te pongas los zapatos del revés, lo importante es seguir caminando. ¿No?

ESTRATEGIA 1: Momentos de pausa

A veces el cuerpo y la mente necesitan parar, pero no saben cómo hacerlo. En vez de imponer el tiempo fuera, podemos ofrecer un tiempo dentro: un rincón agradable, con cojines, cuentos, muñecos, un lugar donde poder sentarse a respirar, a volver a la calma. No se trata de apartarlos ni de forzar el silencio, sino de enseñarles que también está bien parar. Si lo convertimos en un hábito cotidiano, se transformará en una herramienta propia para cuando el mundo se les viene encima. Es fundamental que no lo vivan como un espacio al que se acude como consecuencia negativa de su comportamiento, sino como un espacio seguro y suyo.

ESTRATEGIA 2: Anticiparse sin sobreproteger

Acompañar a niñas o niños con un perfil como el de Río significa aprender a adelantarnos a sus posibles frustraciones sin evitar que las sienta. Si sabemos que después del patio viene una tarea complicada, quizá necesita unos momentos de calma antes de iniciarla. Si intuimos que compartir materiales puede ser un reto complicado de superar, podemos ofrecer opciones claras o incluso acordar precios que le preparen para lo que va a tener que hacer frente. Anticiparse no significa resolverle todo, sino ofrecer un marco desde el que pueda responder mejor. Y que cuando se equivoque, lo va a hacer y tiene que pasar, no hacer hincapié en el error, sino en las soluciones.

ESTRATEGIA 3: Las emociones se educan

No vale con decirles «tranquilo» si no les enseñamos qué significa esa palabra. Educar las emociones es hablar con ellos, darles palabras y nombres a lo que están sintiendo en los diferentes momentos, es mostrarles que no es negativo enfadarse, que se puede llorar, pero en los casos donde perdemos los papeles hay otras herramientas más seguras y respetuosas de desahogarse. Los cuentos ayudan mucho, pero lo que más ayuda es nuestra actitud. Somos el espejo perfecto para aprender de nosotros. Si cuando se desbordan nos mantenemos presentes, tranquilos y cercanos, sin gritar más que ellos, les estamos enseñando a regular partiendo de un ejemplo. Acompañar no es quitarles las emociones o no validarlas, sino enseñarles a tener el control sobre ellas.

7.
Quiero ir al cole

Una historia sobre los primeros días, sobre la
aventura de comenzar algo nuevo sin las manos
que tanto tiempo te han estado acompañando

Lía tenía tres añitos y un huracán de energía en cada paso que daba.

Ella decía siempre que sus zapatos eran cohetes que la llevaban a la luna y que su mochila tenía alas, como las de los unicornios. Era una niña que hablaba hasta con los árboles y les daba las gracias a las farolas porque, según ella, «gracias a ellas podemos caminar de noche». Incluso cuando estaba aprendiendo a caminar solita, con tal de conseguirlo, le daba la mano a la primera persona que se encontraba, aunque no supiera su nombre. Pero qué importaba el nombre, esa persona ahora tenía un objetivo. Acompañarla en su intrépido intento de ir de una mesa a otra.

Lía siempre había demostrado tener un fuego interno. Unas ganas inmensas de comerse el mundo a trocitos y con un buen vaso de leche fresquita y Cola Cao. Ahora le tocaba enfrentarse a una nueva aventura: ¡el cole de mayores! Aunque su voz sonaba segura y su cuerpo no dejaba de moverse debido a la felicidad desbordante que sentía, había un pequeño nudo en su estómago que todavía no había aprendido a escuchar. Esa mañana el cielo estaba regalando el azul más brillante, un día sin ninguna nube, con un sol que recordaba al de verano pero que había perdido su fuerza para dejar paso, poco a poco, al otoño.

Lía llevaba una coleta alta, perfecta. Sus madres se habían tirado un buen rato domando cada mechón para que todos estuvieran en su sitio. Tenía el uniforme impecable, recién sacado de la tienda. Sin una mancha, ni una aventura sobre él, un lienzo que a final de curso terminaría lleno de historias. En la mochila llevaba todo lo necesario para comenzar:

1. Un babi para las clases de arte.
2. Un *tupper* con la fruta para la merienda.
3. Un peluche que olía a casa.

El resto del espacio de la mochila estaba lleno de ilusión, miedo y confianza por parte de sus madres.

—Hoy empieza una gran aventura —le dijo su mamá mientras apretaba los velcros de sus deportivas blancas relucientes.

Lía asintió y sonrió.

En el coche, de camino al cole, comenzaron a sonar frases. Con amor. Pero con algo añadido:

—A ver si no llora.

—Va a estar bien, ya verás.

—Pero nos llamarán si pasa algo, ¿no?

Lía las miraba sin entender del todo lo que estaban diciendo. Pero algo dentro de ella sí que lo entendía e hizo que el nudo diera una nueva lazada. Al llegar, la puerta del colegio era muy grande. Casi como los portones de los castillos. A Lía se le ocurrió que si no tenían cuidado se iban a colar las nubes dentro de su clase. Seguía aferrada a la mano de su madre, al igual que un ancla sostiene un velero cuando comienza a moverse el mar.

—Se llama Lía —le contaba su madre a su futura profesora—. Es muy alegre, aunque esta mañana está muy callada.

—Es normal —contestó la profesora—. Los primeros días están llenos de emociones y no todas las entendemos.

En ese momento se agachó para ponerse a la altura de su nueva aventurera y le ofreció su mano. Con dudas y tras una mirada cómplice a sus madres, Lía soltó la mano que tanta seguridad le estaba dando para lanzarse a lo desconocido, pero con la tranquilidad que solo los corazones que más nos quieren nos pueden transmitir. Cuando cruzó la puerta de su clase observó que las paredes parecían más altas que las de su casa. Las sillas, mucho más pequeñas. Había alfombras enormes y estanterías llenas de juguetes. La clase lloraba, algunos se chupaban el dedo. Había uno dando vueltas. Lía quiso imaginarlos como criaturas mágicas. Algunos eran duendes, otros ositos; a una niña la convirtió en un hada.

—Hola, Lía —dijo una voz suave.

Se trataba de su profesora. Una persona son gafas redondas

moradas, collares brillantes y las muñecas llenas de pulseras que le habían ido regalando los alumnos que habían pasado por su lado. Cada pulsera era una historia de cariño; tenía muchas. Era una buena señal.

—¿Guardamos la mochila? Soy tu profe. Me llamo Clara. Puedes llamarme así: profe Clara o como tú quieras, ¿vale?

Cuando Lía entró en la clase, ya no veía a sus mamás. Se habían ido hacía unos minutos, en silencio, sin demasiadas palabras. Solo una caricia suave, una mirada profunda y un gesto con las manos. Como cuando se guarda un secreto de los buenos en el bolsillo. Nada de despedidas largas. Nada de discursos que terminan doliendo. Solo un «hasta luego mi amor».

Lía no lloró. O sí. Pero tan bajito, tan dentro de ella, que ni siquiera su peluche pudo sentirlo. Se quedó quieta con el abrigo puesto, como si todavía estuviera decidiendo si quedarse o salir corriendo. La clase olía a lápices nuevos y a pintura. Había dibujos por las paredes, sillas que parecían de juguete y un montón de mochilas en una esquina, aún sin orden ni lugar. El ruido era diferente al de casa. Un montón de voces de niños, manos moviéndose de un lado a otro, risas ruidosas, preguntas sin descanso. Lía sentía que el corazón le latía cada vez más rápido, como si también se estuviera preparando para esprintar a la salida. Se sentó en una alfombra, muy cerca de una estantería que tenía libros grandes y pesados. No miró a nadie. Solo sacó de su mochila su peluche, que olía a su habitación y a seguridad. Lo abrazó con fuerza y le leyó un cuento, de esa manera única y mágica que solo una niña de tres años es capaz de hacer. No quería cantar. No quería jugar con nadie. Solo quería mirar lo que ocurría desde el lugar seguro que había encontrado.

Pasado el tiempo, una niña se le acercó con un coche rojo. Lía la miró, pero no quiso acercarse. Más tarde, un niño tropezó cerca de donde estaba y se puso a reír. Lía no quiso acompañarle en esa broma tan extraña. Clara paseaba por la clase como si flotara en vez de caminar. «Seguro que Clara también es un ser mágico, como mis compañeros», pensaba Lía dentro de su mundo de fantasía. A media mañana, alguien quiso compartir su fruta con ella. Esta vez Lía aceptó. No dijo nada. Solo la cogió despacito y se la comió; a cambio le ofreció un trocito de la suya. Cuando se sentaron en círculo para cantar, Lía no se sentó del todo. Se quedó a medio camino, con el cuerpo rozando la línea en la que tenía que sentarse y lo suficientemente fuera de ella como para seguir estando en su lugar seguro. El cole era raro. No es casa. No es el parque. Es un lugar donde pasan un montón de cosas. Un lugar lleno de canciones que no conocía, cuentos con nombres nuevos, normas dibujadas en carteles con colores y una casita llena de ventanas con fotos de niños. Y con su foto. En el patio jugó un rato en la zona de la arena, pero sin hablar; hizo un camino con las piedras que iba encontrando. No es que estuviera escondida del resto de compañeros, pero todavía no se sentía con ganas de compartir su juego con nadie. Después llegaron los zumos. Lía eligió el de naranja. No sabía como el de casa, pero se lo terminó. Se limpió la boca con un trocito de papel que Clara les había dado. Después de comer, algunos niños se durmieron en unas colchonetas azules. Lía no. No podía. Su cuerpo no le dejaba relajarse para lograr cerrar los ojos. Tenía tantas emociones guardadas que era imposible centrarse en una sola. Pero no hizo ruido. Se quedó tumbada, mirando al techo. Pensó en sus mamás. Pensó en su cuarto. En sus juguetes.

No lloró.

Tampoco es que estuviera sonriendo. Pero comenzó a respirar más despacio. Como si una parte suya empezara a entender que no estaba en un lugar peligroso. Cuando se levantaron, Clara les contó un cuento: uno sobre un patito que no quería nadar. Lía lo escuchó con atención. Le encantaban las historias. La tarde era mucho más suave. Pintaron con esponjas, sacaron puzles y lo recogieron entre todos. A Lía no le pidieron nada. Pero ella, sin que nadie lo notara, metió una ficha dentro de la caja. Una sola. Cuando sonó la campana de final de las clases, su corazón dio un salto. Ya se iba a casa. Mamá estaba en la puerta; mami también. Sonreían como si no hubieran estado llorando en el coche aquella mañana. No por miedo, sino porque ellas también se estaban enfrentando a una nueva aventura. La de dejar crecer.

Lía salió corriendo hacia ellas y las abrazó. Con uno de esos abrazos que te llenan de amor cada parte de tu cuerpo.

—¿Te ha gustado el cole?

Lía no dijo nada.

Esa noche, cenó, se lavó los dientes y ya en la cama, cuando sus ojos estaban terminando el día, murmuró:

—¿Mañana hay cole?

Quizá Lía llore mañana, quizá no lo haga. Cualquiera de esas dos cosas, está bien. Porque lo importante no es dejar de llorar; lo importante es que sepan que, aunque sus madres no estén en la puerta de su clase, siguen estando ahí. Lía no lo sabe con palabras, pero lo siente. Hay un hilo invisible que las une. Ese hilo no se rompe, aunque no las pueda ver. Porque está hecho de confianza, de abrazos y de corazones que transmiten tranquilidad, incluso cuando se echan mucho de menos.

Reflexión como profesor

Lo primero que digo siempre a las familias es que el periodo de adaptación no empieza el primer día de clase. Empieza en casa. En cómo se habla del cole, en la cara que pone mamá o papá cuando se habla de su profe. Todo lo captan. Son esponjas, pero con parte emocional. Así que antes de preocuparnos por si lloran o no, hay que mirar si nosotros ya hemos hecho ese primer trabajo emocional. Siempre comparo esto con cuando nosotros cambiamos de trabajo o empezamos algo nuevo. ¿Te acuerdas de la primera vez que entraste en un sitio sin conocer a nadie? Pues eso, pero con tres años, sin saber verbalizar nada y dependiendo emocionalmente de tus referentes. Imagínate el vértigo que puede darles.

A veces las familias llegan con muchas dudas. Que si lo va a pasar mal, que si es muy sensible, que si nunca ha estado con extraños. Y, oye, que todo eso es muy válido, claro que sí. Pero lo que yo suelo transmitir es que confiemos en ellos más de lo que lo estamos haciendo. Son pequeños, sí, pero no son de cristal. Se adaptan mejor de lo que pensamos, siempre que nosotros no les pongamos una mochila extra con nuestros miedos e inseguridades.

Una cosa que me encuentro mucho es el tema de las despedidas. Los adultos intentan irse sin que el niño se dé cuenta, como ninjas. Y, claro, cuando la minipersona se da cuenta de que mamá ha desaparecido, se activa la alarma. Por eso siempre recomiendo despedidas breves, pero claras. Con cariño, con seguridad, y dejando claro que luego volverán. Y sí, puede llorar, pero llorar no es ninguna tragedia. Es solo una forma de gestionar una separación. Otra cosa que nos pasa a menudo es que los niños entran llorando; la familia se va con el corazón encogido, se quedan con esa última imagen. Sin embargo, no saben que muchas veces, a los tres minutos, ese mismo niño está jugando tan tranquilamente, explorando e integrándose en la clase. Es decir, lo que tardan en cruzar el umbral de la puerta ya ha cambiado el escenario. Por eso, siempre que puedo, mando fotos o cuento cómo ha ido el resto del día, para que no se queden solo con ese primer impacto.

Y ojo, que los profes también nos adaptamos. A las nuevas minipersonas, a sus familias y a los nuevos ritmos. No hay manual que sirva para todos, pero lo que sí sirve siempre es la presencia. Estar. Escuchar y acompañar sin prisas. Y no juzgar. Cada niño tiene su tiempo, y lo mismo pasa con las familias. Hay familias que necesitan quedarse unos días en la puerta y familias que necesitan hablar cada tarde para soltar su angustia. Y está bien.

En clase, tengo algunos truquillos. Tengo muchos juguetes que sirven de puente, como peluches, cuentos. Les da algo de seguridad, una conexión con cosas que les son familiares. Tampoco intento dramatizar. Si un niño entra sin llorar, genial. Si entra llorando, perfecto. Ninguno es mejor ni peor por eso. No hay competiciones. Es un proceso y cada uno lleva el suyo. Hay una cosa que es «el efecto espejo». Cuando ves a tu hijo llorando cuando entra al cole, crees que está así toda la mañana, pero no es así. Tú ves su emoción reflejada en la tuya; por eso insisto: pregunta, habla con su profe, confía. Estamos para eso.

Cuando veo a una minipersona que ya se siente segura, que me da la mano sin miedo, que se ríe mientras juega o que viene a contarme cosas, sé que la adaptación ha hecho su trabajo. No porque ya no llore nunca, sino porque, aunque a veces haya lágrimas, hay un vínculo que se está creando. Hay un espacio que ya no considera extraño. Lo mejor para una buena adaptación es la confianza, la seguridad y comunicar si necesitamos algo. ¡Ah! Y toneladas de paciencia.

ESTRATEGIA 1: **Objeto de transición**

Prepara junto a la mochila del cole un objeto que le recuerde a casa. Recomiendo que sea algo blandito: una mantita, un peluche, un cojín pequeñito. Algo que pueda llevar consigo y que le ancle a casa pero que le permite soltarlo cuando no lo necesite.

ESTRATEGIA **2: Despedidas cortas y sin trampas**

No desaparezcas entre la multitud como si fueras un ninja. Siempre tienes que despedirte. La seguridad se construye siendo honestos. Dale un beso y dile: «Luego vengo a buscarte».

ESTRATEGIA **3: Habla del cole con alegría**

Evita frases como «lo vas a pasar genial», si sabes que puede costarle. Mejor utiliza «en un lugar nuevo, al principio puedes sentirte raro, pero estarás siempre acompañado y vas a aprender muchas cosas». La sinceridad es un regalo enorme.

8.
Las dos casas de Samuel

*Una historia de un corazón pequeño que tuvo que
aprender a vivir en dos lugares diferentes*

Samuel tenía seis años cuando comenzó a arrastrar una maleta por los pasillos del colegio cada vez que la semana se iniciaba. No era la típica maleta infantil con pegatinas o de su dibujo favorito. Era una maleta de adulto, tan alta como él, con cuatro ruedas para intentar aligerar el peso de las camisetas, los pantalones y sus sentimientos. Era difícil no ver a Samuel caminar por el pasillo. Entre gritos, conversaciones cómplices y alguna carrera por la hora, Samuel atravesaba con otro color. Hasta ese momento, Samuel era conocido por llegar corriendo, saludando en voz alta a sus compañeros y contando lo que había desayunado, había visto en la tele o por la ventanilla del coche mientras llegaba al colegio. Pero desde hacía unas semanas, su energía se había vuelto diferente. Se notaba en los pequeños detalles, que es donde siempre se nota: en cómo evitaba el contacto visual, en su cansancio, en las veces que se quedaba mirando por la ventana.

Sus padres se habían separado. De manera formal, organizada, con abogados y acuerdos. No es que hubieran terminado tirándose de los pelos; sabían que era la mejor manera de hacerlo para proteger aquello que se quedaba en medio: su único hijo. Pero por muy buena intención que existiera eso no evitaba que la vida de Samuel se partiera en dos: dos camas, dos cepillos de dientes, dos casas. Lo que en casa de papá se permitía, en casa de mamá era motivo de charla; lo que en una casa se hacía a la hora de cenar, en la otra se hacía en otro horario. Los primeros días tras la separación definitiva fueron un torbellino. Samuel se despertaba preguntando en voz baja con quién estaba ese día. A veces, lloraba sin motivo. Otras, se enfadaba porque la camiseta que quería ponerse se la había olvidado en la otra casa. No era rabia, era confusión. Tenía que recordar cómo funcionar en cada una de las casas. Y no olvidar lo de una en la otra.

Su profesor fue la primera persona en identificar lo que le estaba sucediendo. Había escuchado a otros niños hablar del divorcio de sus padres, pero lo que le preocupaba no era ese hecho en sí, eso lo entendía perfectamente. Su familia ya se había encargado de hablar con él desde el corazón y con los sentimientos como anfitriones de cada conversación de sofá y chimenea. Lo que a Samuel le preocupaba era que muchas veces no sabía cómo debía sentirse ni con quién. Junto con la orientadora del centro, organizaron una reunión con mamá y papá. En ese primer encuentro, la prioridad fue establecer un punto en común: el bienestar de Samuel. Ambos estaban dispuestos a escuchar. El papel del colegio no era posicionarse ni formular juicios, su objetivo era ayudar a Samuel a adaptarse a su nueva realidad.

Ambos padres estuvieron de acuerdo en todo momento, se estableció un calendario fijo, claro y visible para Samuel. Este calendario, con dibujos y colores, lo colocaron en ambas casas para que pudiera adelantarse, evitando sorpresas y reduciendo su ansiedad. También acordaron que el cambio de domicilio sería los domingos por la tarde, no los lunes por la mañana. Eso le permitiría a Samuel pasar una noche tranquilo antes de comenzar su semana. Le daría más estabilidad. Otro de los acuerdos al que llegaron fue la comunicación entre ambos progenitores: compartir con el otro cómo se sentía Samuel, sus rutinas, eventos escolares… Eso redujo la necesidad de que Samuel se convirtiera en un mensajero entre los adultos. No era justo que él cargase con esa responsabilidad. El colegio, por su parte, estableció una estructura de apoyo. Su tutor habló con todo el equipo de profesores que daban clase a Samuel para que estuvieran atentos sin invadir. Samuel y su estado emocional importaban. Debíamos estar atentos a señales para poder acompañarle.

La adaptación a su nueva vida no fue rápida. No hubo cambios mágicos de un día para otro. Hubo días buenos, también hubo pasos atrás. A veces volvía a aparecer en clase con los hombros encogidos y sin ganas de estar. Otras, reaccionaba con enfados desmesurados ante situaciones en las que no se esperaba esa reacción. El acompañamiento que se le estaba brindando era constante. Su tutor insistía en validar sus emociones y ayudarle a darles nombre. Con el tiempo, Samuel empezó a estabilizarlas y a normalizar su nueva realidad. Participaba mucho más en clase y recuperó su buen humor. Volvió a estar más activo durante las actividades y a contar lo que había visto por la ventanilla del coche antes de llegar al colegio. Cada semana desde una ventanilla diferente. Su familia, poco a poco, alineó sus maneras de actuar en las respectivas casas. No pensaban igual, pero hablaban entre ellos. Decidieron no hablar mal el uno del otro mientras Samuel estuviera delante, y evitaban preguntas que le colocaran en una posición incómoda.

Dos meses después, hubo otra tutoría. Esta vez, se sentaron más relajados. La orientadora del colegio les ofreció algunas herramientas más específicas: establecer normas comunes, cómo reforzar la autoestima de Samuel, cómo explicarle que no tenía la culpa de la nueva situación y cómo mantener un canal de comunicación con el colegio de manera constante, incluso si alguno de los dos no podía acudir físicamente al centro.

Un día, al salir del colegio, Samuel le pidió a su madre si podían invitar a papá al festival de coro del colegio. Quería que los dos estuvieran ahí; y así fue. Se sentaron con espacio entre ellos, sí, pero aplaudieron al mismo tiempo cuando Samuel terminó su canción. Nadie hizo comentarios, nadie compitió por el protagonismo. Solo estaban ahí. Por Samuel. En casa, los cambios también fueron cada vez más visibles. Él tenía una rutina estable en ambos lugares. Se acordaron normas comunes básicas, como horarios de cena, tiempos de pantallas y pequeñas responsabilidades que tenía que cumplir. Aunque las casas eran distintas, la estructura era coherente. Eso le ayudó mucho. Poco a poco, los pequeños detalles se podían apreciar como grandes avances: Samuel empezó a dejar una muda de ropa en cada una de las casas. Su juguete favorito sí que viajaba con él. Con su padre, tenía una copia del calendario que habían marcado del mismo modo que en casa de mamá. Ambos iban juntos a las tutorías que solicitaba el profesor, incluso por videollamadas cuando a alguno le era imposible acudir. A nivel emocional, Samuel también recibió un apoyo externo. Su familia consideró que era importante que acudiera a un psicólogo infantil, para evitar que se apretasen los nudos que a veces se le formaban en su interior. Se convirtió en su espacio seguro, un lugar donde podía hablar sin medir palabras.

Un día, en clase de lengua, estaban escribiendo cartas a sus casas. Samuel dibujó dos casitas: una con terraza donde veía estrellas junto a su madre, y otra con una cocina unida al salón donde preparaba galletas con su padre. Encima de ambos dibujos escribió: «Tengo dos casas. En una hay perros y en la otra, juguetes. Las dos son mías». Lentamente, Samuel volvió a ser el niño que corría por los pasillos, hablaba gritando y te contaba cada secreto y aventura. Pero, ahora, era más consciente de sus emociones, más capaz de adaptarse a los cambios. En clase, sus dibujos empezaron a mostrar dos casas, pero ya no las dibujaba separadas por muros. Ahora estaban juntas, unidas por un camino.

Samuel no tenía una familia rota. Tenía una familia

reorganizada. Con dos casas, sí, pero con un solo propósito común: que estuviera bien. Y eso era más que suficiente.

Reflexión como profesor

La historia de Samuel, aunque parece que se ha llevado muy bien, no es lo común. Te lo digo desde ya: separaciones hay muchas, lo extraño es que se hagan bien.

Samuel no es un caso raro por estar en medio de una separación, lo raro es que sus padres lo hayan hecho tan tan bien. Porque, vamos a ser sinceros, la mayoría de las separaciones empiezan con muy buenas intenciones. Todo el mundo dice eso de «nos llevamos bien», «no queremos que sufra». Pero luego, en la práctica, la cosa cambia. Es normal, porque las emociones se cruzan, aparecen las diferencias, aparece el cansancio, y es fácil que los adultos empiecen a tener problemas que terminan afectando a los niños.

Desde el cole, eso se nota. No te imaginas cuánto. Hay minipersonas que cambian de repente. Uno que antes participaba mucho, de repente está callado; otro que era muy tranquilo se convierte en un torbellino imparable. Algunos vienen con sueño acumulado o con la cabeza en otros lugares. No siempre sabemos lo que está pasando en casa, adivinos no somos. A veces la familia no comunica y eso nos lo pone muy complicado.

Lo fundamental es la comunicación. Padres, madres, profes: tenemos que hablar. No para opinar sobre la vida de nadie, sino para acompañar a las minipersonas. Si nos cuentan que hay una separación, podemos estar atentos, podemos adaptar algunas cosillas, podemos entender ciertas situaciones o comportamientos. Y, sobre todo, podemos prevenir que se sientan solos en lo que están viviendo y ayudarles a comprenderlo.

Luego está el tema de los acuerdos. Mira, los acuerdos hablados están bien, pero no funcionan siempre. Empieza todo con muy buena intención, pero cuando la relación se tensa, se rompen con facilidad. Entonces empiezan los problemas: cambios de horarios, mensajes cruzados, normas distintas en cada casa, reproches... y, claro, quien está en medio se convierte en mensajero, en mediador o testigo de cosas que no le tocan.

En la historia de Samuel, lo que marcó la diferencia fue que sus padres se sentaron a hablar desde el principio. Pusieron normas claras, se coordinaron, usaron un calendario visual, evitaron que el cambio de casa fuera justo los lunes por la mañana. Claro que es más complicado para la familia. Lo cómodo sería que un progenitor le deja en el cole con la maleta el lunes y así le recoge con el que le toca esa semana, pero se trata de hacérselo fácil al menor, no al adulto. Él no ha elegido esta situación y le hacemos receptor de las consecuencias. Por supuesto, habrá momentos de tensión y otros puntos de vista, lo importante es tener a esa persona muy presente. Algo fundamental es no hablar mal del otro delante del niño. Puede parecer una obviedad, pero pasa más de lo que pensamos. Comentarios pequeños, indirectas, gestos...

Lo pillan, lo pillan todo. Y cuando están en medio, sienten que tienen que tomar partido o que están traicionando a la otra parte. Este cuento refleja lo ideal, y sé que es complicado. Pero se protege al niño: que los adultos sean capaces de dejar a un lado sus diferencias y pensar en él; que entiendan que no se trata de ganar, ni de tener la razón, sino de darle a su hijo una vida lo más tranquila posible dentro de la nueva situación. También es clave que el colegio forme parte. No para tomar partido, sino para acompañar. El niño pasa muchas horas en ese espacio y, si sabemos lo que vive en casa, podemos hacer ajustes, estar atentos y darle herramientas que le puedan ayudar.

Ojalá cada vez veamos más historias como esta. Si estás en una situación parecida, piensa en esto como una conversación de un amigo que quiere lo mejor para ti y tu hijo. Que, al final, de eso se trata.

ESTRATEGIA 1: **Calendario visual compartido**

Un calendario visible para la minipersona, con colores, dibujos o fotos, en el que se indique en qué casa estará cada día, ayuda mucho a reducir su ansiedad. Saber con anticipación dónde dormirá o quién le recogerá le da seguridad y evita confusión. Este calendario debe estar en ambas casas, en un lugar visible.

ESTRATEGIA **2: Comunicación ente casas**

Debe existir una buena comunicación de emociones, eventos y todo lo que rodee al hijo. Puede ser un cuaderno, un chat, lo que sea más sencillo y pueda incluirse dentro de la rutina propia sin trastocar demasiado.

ESTRATEGIA **3: Acuerdos en ambas casas**

Establecer unas normas que se mantengan iguales en las dos casas, como la hora de dormir, los hábitos de higiene, responsabilidades, tiempos de pantalla, etc. Esto le aporta una estructura estable y le da seguridad. No tienen que ser idénticos todos los modelos de crianza, pero debe existir una coherencia que pueda comprender y seguir.

9.
Cuando el patio
ya no es seguro

Una historia sobre aprender
a ser fuerte cuando no te toca serlo

Martina llevaba en el mismo colegio desde Infantil. Conocía cada rincón del patio, cada escalón del edificio; incluso cómo sonaban las llaves de los diferentes profesores que recorrían el pasillo arriba y abajo. Nunca había sido una niña de esas que se dice «problemáticas», pero tampoco de las que hacen tu paso como profesor un paseo relajado. Era de esas alumnas que siempre están ahí, que cumplen, que se esfuerzan, que participan, que forman parte del día a día. Le gustaba dibujar, coleccionar hojas secas de otoño cuando los árboles cambian de estación y escribir pequeñas historias con personajes fantásticos. Tenía un mundo propio, silencioso, al que pocos tenían suerte de pertenecer. Hasta segundo de Primaria, todo había ido bien. Sencillo. Sus profesores la describían como tranquila, dulce y feliz. Tenía dos amigas con las que compartía juegos, confidencias y meriendas, pero algo cambió al comenzar el tercer curso. De repente, aquellas amigas comenzaron a separarse de ella. Empezaron los susurros cuando ella pasaba, las miradas cruzadas, las risas entre dientes. Al principio no entendía qué ocurría. Luego, empezó a dudar hasta de sí misma.

Un día le escondieron las zapatillas para gimnasia. Otro, apareció en su mesa un dibujo con su cara deformada. En el patio, la empujaban disimuladamente mientras hacía la fila para entrar al comedor. Nada era grave, aparentemente, pero todo era constante. Día tras día. Semana tras semana. Siempre con esa crueldad envuelta en risas que los adultos suelen pasar por alto. Incluso sus profesoras. Sus padres comenzaron a notar cambios. Martina ya no quería ir al colegio. Lloraba por las mañanas, decía que le dolía la cabeza, que estaba cansada. Dejó de dibujar. Ya casi no se escuchaba su voz por casa. Dormía mal. En el colegio, sin embargo, seguía siendo «la alumna tranquila». Nadie notaba nada. O, peor aún, nadie quería notar nada.

Poco a poco, el silencio se convirtió en su pequeña guarida. En su refugio. Martina empezó a hablar con monosílabos. En casa, su madre intentaba buscar momentos para que se abriera, pero de nada servía. Había aprendido a tragarse las palabras, porque cada vez que intentaba hablar en el colegio, la respuesta era nula o incluso se transformaban en acusaciones hacia ella. Llegó a recibir por parte de una profesora una frase que la destrozó por dentro, que le hizo darse cuenta de que estaba sola en ese edificio que la había visto crecer: «No me cuentes tus historias que en suficientes problemas me has metido ya».

La niña que antes compartía sus cuentos y su merienda, ahora se escondía. En las reuniones familiares no se reía. No hablaba. Se enfadaba y se refugiaba. Su cuerpo sí que hablaba por ella: dolores de tripa, náuseas, insomnio. Su cuerpo gritaba, pero tampoco nadie lo escuchaba.

Un día, sus padres acudieron al centro a hablar con su tutora, ella los recibió con una sonrisa aprendida. «Martina es muy callada, sí, pero no hemos notado nada raro. Tal vez está más sensible, hay veces que eso pasa cuando crecen… Pero todo está bien». Fin de la tutoría. Todo estaba bien. Nada estaba bien, pero nadie quería verlo. Su familia no sabía hacerlo. Sus profesoras no querían hacerlo.

Las cosas no mejoraron. Martina volvió un día a casa con los libros manchados porque alguien se los había tirado al suelo. Nunca hubo ninguna investigación. No había culpa, sino «cosas de niños». A estas alturas, Martina ya no lloraba. Se callaba. Eso preocupaba mucho más a su familia. Cuando alguien llora al menos se sabe que está pidiendo ayuda, ¿no? El silencio se convirtió en un muro. Es una forma de desconectar del dolor. Había días en los que se sentaba a la mesa y se quedaba mirando fijamente su plato sin llegar a probarlo. O se encerraba en su habitación durante horas mirando el techo.

La familia solicitó una nueva tutoría con la profesora porque era evidente que algo no iba bien. La tutora los recibió con el mismo gesto aprendido. Complaciente y sin sentimiento. «En esta clase hay mucho carácter, y a veces hay roces. No podemos intervenir por todo. Es parte de su convivencia». Esa fue su respuesta tajante ante el sufrimiento y preocupación de una familia. Las palabras de una profesora desgastada y sin ganas de seguir velando por la seguridad de su clase. No se trataba de convivencia. Y si era así, no había ningún tipo de enseñanza. Se permitía otro lado de la sociedad que hay que lograr eliminar: el acoso. La orientadora del colegio, que conocía a Martina desde infantil, también lo minimizó. «Hay veces que Martina habla a sus compañeros como si fueran muy mayores y puede que ellos se sientan mal porque los trate así». Repartiendo una culpa que no era divisible. Nadie quería llamar las cosas por su nombre. Nadie quería actuar. El colmo llegó cuando tres compañeras encerraron a Martina en el baño. Fue solo un minuto, dijeron ellas. Una broma, pero Martina salió temblando. Nadie lo supo oficialmente. Ella no contó nada a nadie; fue su madre la que lo descubrió muchos días después.

Martina había perdido su esencia. Todo lo que hacía que Martina fuera Martina había desaparecido. había perdido su risa, su energía, sus cuentos y su fantasía. Dormía con la luz encendida, se mordía las uñas y hacía tiempo que había dejado de mirar a los ojos a los demás.

El colegio activó su protocolo, pero ya era tarde. Martina estaba agotada. Ahora solo quería no estar. Los informes del colegio hablaban de «conflictos puntuales». Nunca se usó la palabra *bullying*. Nunca se habló de agresores, porque nunca hubo marcas visibles. Nadie fue apartado de la clase. Nadie tuvo nunca que pedir perdón.

La familia se armó de valor y, en un intento de salvar a su hija, tomó la decisión que nadie quería tomar: la cambiaron de colegio. Era injusto. Muy injusto, pero necesario. Habían creado todo tipo de redes de apoyo en su casa, habían escuchado, intentado hablar con el colegio. No fue una huida, fue una retirada para salvarla. En el nuevo colegio fueron claros desde el principio: escucharon, registraron la información e hicieron un seguimiento. No prometieron ningún milagro, pero pusieron la atención que tanto necesitaba su familia. Su nueva tutora organizó todo tipo de actividades para que conociera a su nueva clase. Trabajaron la empatía, la gestión de conflictos y el respeto. Había algo diferente que se podía sentir al respirar. Se respiraba más despacio, con más ganas y más tranquilidad. La confianza de Martina tardó en llegar. Pero decidió no esconderse. No se sentó la última. No se quedó en silencio. Miraba directamente a la cara.

Un día, en una de las actividades de escritura, Martina entregó un cuento. No tenía título. Tampoco un final claro. Su historia trataba sobre una niña que caminaba sola por un bosque. La tutora lo leyó y le preguntó si podía leerlo en voz alta al resto de compañeros. Martina lo hizo. Leyó en alto su historia convertida en bosque, animales y luces brillantes. Mientras tanto, en su anterior colegio, nada había cambiado. Las familias no hicieron ninguna autocrítica, tampoco sus profesoras. Los compañeros que participaron en el acoso siguieron con sus clases como si nada hubiera ocurrido.

Nadie asumió la responsabilidad. Se pasó página con Martina sin querer aprender nada nuevo. Y eso, eso, es lo más peligroso de todo: el *bullying* no desaparece con el silencio. Solo cambia de víctima. No se va solo, sigue ahí.

Reflexión como profesor

A veces se nos olvida que el *bullying* no necesita grandes actos para aparecer. No hace falta una paliza en el patio para ponerle el nombre que tiene. Basta con un goteo constante de desprecios. La repetición. El patio que se convierte en un sufrimiento. El pasillo se transforma en un campo de batalla. Y todo eso pasa, la gran mayoría de las veces, delante de nuestros ojos. Como profesores, tenemos la obligación de mirar. Nada de suponer. Nada de esperar. Nada de minimizar, sino de mirar con profundidad, con un compromiso. Intervenir en una situación de acoso escolar no es un acto heroico, es nuestra responsabilidad profesional. Mirar a otro lado es nuestra decisión, que es convertirnos en negligentes.

Hay algo que nos tenemos que repetir y es importante recordarlo: nadie agrede a nadie desde su bienestar. Esto no significa que estemos justificando el comportamiento del agresor. Jamás. No hay ningún tipo de justificación para la violencia, sea en la forma que sea, pero sí debemos comprender que ahí también hay dolor, desajuste, vacío, u otras razones que desconocemos. El agresor necesita consecuencias claras, límites firmes; también acompañamiento emocional.

Si no se trabaja la raíz del problema, se seguirá produciendo. Martina no necesitaba ese cambio de colegio. Necesitaba adultos presentes, comprometidos y formados. Necesitaba una comunidad escolar que diera un golpe en la mesa y no permitiera lo que permitió, que frenase esa situación a tiempo. Hasta que eso no ocurra, seguirán sucediendo casos de *bullying*. El final de Martina es uno de los *mejores*. Hay otros finales que no he querido escribir, pero que existen. Finales donde se pone fin a una vida que no puede más. Espero que algún día se creen entornos seguros, con adultos conscientes, responsables y que apuesten por un mundo sin violencia, sin acoso y sin menospreciar al que tienes al lado.

ESTRATEGIA 1: **Escuchar de verdad**

Muchas veces preguntamos «¿qué tal el cole?» y nos conformamos con un «bien». Si queremos saber lo que de verdad les pasa, hay que escuchar sin prisa, sin juzgar y sin querer resolver todo al momento. No se trata de crear interrogatorios, sino conversaciones fluidas. Quizá tengas que probar primero contando tú algo antes: «Menudo día he tenido hoy, mi jefe no ha parado de mandarme correos y no he podido terminar con lo que yo tenía que hacer, estoy agotado. ¿Qué tal tu día?». En clase podemos crear espacios en los que poder hablar con libertad o algún tipo de buzón de sentimientos.

ESTRATEGIA 2: **Prestar atención a las señales**

El *bullying* no siempre se ve claramente. A veces, no hay golpes ni insultos directos. Pero se nota cuando un niño empieza a cambiar: ya no quiere ir al cole, se vuelve más callado o le duelen partes de su cuerpo (tripa, cabeza). Esos cambios no son porque sí. Hay que estar atentos, sin agobiar, pero sin mirar para otro lado.

ESTRATEGIA 3: **Ir todos a una**

Esto va de estar coordinados: profesores, familia y equipo de orientación. Hablar claro, usar las mismas palabras, compartir lo que se ve en casa y en clase. Si algo preocupa, que no se quede en un correo perdido. Y si hay que actuar, actuemos todos, no solo uno. Cuando todos remamos en la misma dirección, se nota. Y los niños lo sienten.

10.
El misterio
de las diez preguntas

*Una historia sobre cómo acompañar
cuando los pasos van muy rápidos*

Lucía llegó a la clase con preguntas preparadas antes de abrir la puerta. Tenía cuatro años, pero sus ojos parecían saber más de lo que podían decir sus palabras. Desde el primer día que pisó esa clase fue evidente que había algo en ella que invitaba a mirar dos veces, a observar con cierta pausa. Su manera de saludar, de escanear la clase como si fuera tomando nota mental de cada rincón, de cada dibujo en la pared, de cada color, y de cada gesto. Su profe ese curso fue David. David tenía experiencia con muchos tipos de alumnos; había visto muchos tipos de infancias diferentes, muchas formas de aprender, de jugar e incluso de llorar. Con Lucía no tardó en sospechar que había algo especial. No era simplemente que supiera cosas, sino cómo las sabía. Su forma rápida de hilar ideas, de conectar temas o de hacer preguntas que aún no estaban presentes en esa clase ni le tocaba a esa edad.

Aquella mañana llovía. Con todo el patio empantanado, no pudieron salir y David propuso una actividad: enseñarles a pintar, a dibujar animales. Habían estado trabajando con los colores primarios, en cómo mezclar para crear otro, y les enseñaba, poco a poco, a representar lo que soñaban. La mayoría se lanzaba con entusiasmo: arcoíris, unicornios, dragones, soles con gafas de sol. Era lo que más predominaba. Lucía, en cambio, tenía otras preferencias. Con su cuaderno debajo del brazo se acercó a David:

—¿Me enseñas a pintar el cuadro de *Saturno devorando a sus hijos*?

David ni parpadeó. Lucía le explicó, con todo tipo de detalles, el cuadro del que estaba hablando. Ella sabía, estaba claro. Aquel día volvió a casa pensando en ella. Y al día siguiente, le llevó un libro infantil ilustrado sobre mitología griega. Desde entonces, durante las tardes de lluvia o los ratos de calma, Lucía hojeaba ese libro en busca de las respuestas a sus preguntas. Leía acompañando cada palabra con sus dedos, parándose a analizar cada uno de los dibujos.

Una semana más tarde, David entró a clase con un montón de cartones que había recuperado del contenedor cerca de su casa.

—¿Sabes qué es esto? —le preguntó a Lucía.

—Puede ser… el mástil de un barco, ¿como el de Ulises? David sonrió.

A Lucía se le escapó un pequeño grito de emoción.

Rápidamente organizó un pequeño grupo con dos compañeros más tranquilos, a quienes contagió su entusiasmo. Cada tarde, entre cartones, cuerdas, pegamento y mucha paciencia, imaginaban que navegaban juntos. Pero esto no era solo un juego; Lucía investigaba, pedía mapas, dibujaba planos. Preguntaba sobre el viento, las velas, la mitología detrás de cada nombre que se iba encontrando. Durante los patios, cuando la mayoría se lanzaba a conquistar el tobogán o pedían ser los primeros en tener la pelota. Lucía se acercaba a David con un cuaderno. No quería saltar ni correr. Quería jugar a adivinar.

—Piensa en algo. Lo que sea. Algo que veas o no, que exista ahora o no, pero solo puedes responder sí y no.

Era su juego favorito, el de las diez preguntas. Cada vez se le daba mejor. No pasaba de la sexta o séptima pregunta, que Lucía ya tenía la respuesta. A veces David le preguntaba cómo lo hacía.

—No lo sé.

Lucía no presumía de su talento. Simplemente ella era así. Era ella misma: intensa, brillante y, a veces, dispersa y olvidadiza. No siempre era sencillo. Había días que se aislaba, se enfadaba si no la entendían. A veces, cuando los compañeros no seguían su ritmo, se frustraba. O se aburría. Se acercaba a David, como si supiera que allí no tenía que explicar tantas cosas. Una mañana encontró en el cuaderno de Lucía una serie de números escritos sin parar. Desde el 0 hasta el 321. En cada línea, una secuencia. En otra página, los números saltaban: 2, 4, 6, 8, 10…

—¿Qué es esto?

—Mi cuaderno de números.

Aunque David sonreía con cada descubrimiento que realizaba Lucía, se lo tomaba muy en serio. No todo fue fácil. Algunos adultos no comprendían por qué Lucía tenía actividades diferentes. Otros niños preguntaban por qué ella no hacía siempre lo mismo. David se lo explicó de una manera muy sencilla:

—Cada uno aprende de una manera. Igual que algunos necesitan más tiempo, otros necesitan otros retos.

También hablaba con su familia, con el equipo de orientación. No se quiso dar prisa en ponerle una etiqueta. No a los cuatro años. Pero sí vigilaba, sí acompañaba y sí adaptaba; porque sabía que ignorar su propio ritmo era negarle su capacidad.

Durante una de las clases, Lucía se acercó a David y le confesó, sin previo aviso, sin que David tuviera el corazón preparado:

—Hay veces que siento que soy de otro planeta —le dijo a su profe sin pestañear, con los ojos abiertos buscando, suplicando por respuestas a por qué sentía que no encajaba con el resto.

Por muy pequeños que sean, sienten más de lo que pensamos y creemos. Enjuiciamos su edad como si nos creyéramos con el derecho de otorgarle unas capacidades únicamente por su edad. Hay muchos adultos que deberían ser empáticos, respetuosos y educados por la edad que tienen… Y no lo son, ¿verdad? ¿Por qué no puede suceder lo contrario?

David se agachó para ponerse a su altura y le contestó:

—¡Anda!, ¿y cuál es tu planeta?

Lucía no parecía esperar que le respondiera con otra pregunta. Al final los adultos son los que se supone que tienen todas las respuestas.

—Pues uno donde no te digan que eres rara por tener muchas preguntas.

—¿Sabes qué? Si ese planeta de preguntas existe, me encantaría ser astronauta para poder visitarlo.

Lucía se puso a reír.

Fue pasando el curso y Lucía seguía creciendo. El interés que sentía por la mitología fue ampliándose, ahora también le interesaban las estrellas, los planetas… Comenzó a intentar compartir más tiempo con sus compañeros. No fue sencillo. David siempre era su refugio, pero hacía un esfuerzo por intentar conectar con otros mundos, aunque no encontrase bien su sitio en ellos. Con la llegada del fin de curso, también llegó la última tutoría con la familia de Lucía. David se sentó con su libreta llena de notas, dibujos y alguna que otra anécdota también escrita para compartirla con ellos. Hablaron de cómo había crecido, de lo mucho que le gustaba los retos, de cómo necesitaba siempre encontrar algo más. También hablaron de esos días en los que parecía que estaba en otro lugar y de lo importante que había sido acompañarla a no desconectarse de su grupo.

—Mirad —dijo David mientras les enseñaba una de las hojas del cuaderno de Lucía, en la que escribían o dibujaban de manera libre. Estaba llena de números hasta intentar rozar el infinito—. Es una niña con mucha curiosidad y con capacidad de alcanzar las respuestas a sus preguntas. Pero más allá de esos logros académicos, lo importante ha sido estar cerca de ella, observarla bien y proponerle cosas sin dejar de lado los juegos con sus compañeros, la parte social también es fundamental trabajarla. Porque sí, va más rápido que el grupo en muchas cosas, pero también es una niña de cinco años. Y lo fundamental ahora es que se sienta parte, que disfrute, que no pierda la conexión con los demás ni con ella misma.

La madre asintió. El padre preguntó si creía que era necesario realizarle algún tipo de evaluación por parte del colegio o de manera externa. David no dio una respuesta cerrada, pero sí clara. Les dijo que podía ser muy útil más adelante, que si lo sentían necesario podían hacerlo. Pero que en este momento lo más importante era seguir observándola. Que él iba a seguir proponiendo retos dentro de clase, materiales que la motivasen, pero sin sacar a Lucía de su lugar dentro de la clase. Se despidieron con una sensación real de tranquilidad. Sabían que, por ahora, lo importante era estar atentos, sin prisas y sin etiquetas innecesarias. Lucía seguiría marcando su propio ritmo, a veces rápido, otras veces visitando su planeta de preguntas. Con juegos diferentes, intereses particulares y esa forma tan suya de mirar el mundo. Nadie sabía hasta dónde llegaría ni en qué dirección iría, pero lo esencial, tanto en casa como en el colegio, es que se sentiría acompañada, escuchada y respetada. Y eso, en esta etapa, era lo más importante. Lo principal no era adivinar con diez preguntas de sí y no, qué tenía en la cabeza, sino que siempre hubiera alguien dispuesto a jugar con ella y compartir tiempo.

Reflexión como profesor

Esto que te voy a contar no es teoría, ni va con ningún tecnicismo. Es lo que me pasa, lo que veo, lo que intento entender y manejar cada día dentro de mi clase. Y sí, vamos a hablar de esas niñas y niños que parecen ir más rápido que el resto. Que hacen preguntas fuera de lo común, que se interesan por cosas que no esperas en niños de cuatro o cinco años, que parece que viven en su propio mundo, pero con una lucidez que a veces te deja sin palabras.

Desde fuera puede parecer que es algo fácil de ver y de atender, pero no lo es. Al menos no me lo parece a mí. Porque en Infantil, y esto lo digo siempre, todo está empezando. Y lo que hoy parece una pista, mañana puede ser solo una curiosidad pasajera. O puede que no. ¿Y qué hacemos mientras tanto? ¿Esperamos? ¿Le plantamos la etiqueta? ¿La mandamos a orientación para una evaluación? ¿Lo dejamos pasar? ¿Cómo le acompaño? Todas esas y muchísimas más, son mis preguntas. Pero siempre hay que hacerlo de la mejor manera que podamos y sepamos, con cabeza, con observación y con calma.

Soy muy partidario de no correr con los diagnósticos en Infantil. No porque no sean importantes, sino porque creo que es una etapa que hay que respetar, la del descubrimiento, la del juego, la de estar con los demás, la de aprender a formar parte de este mundo. Esa parte social es fundamental. Y, a veces, se nos olvida que un niño que va muy rápido en la parte cognitiva también necesita aprender a jugar, a esperar su turno, a llegar a un acuerdo sobre el uso de la arena finita del arenero y a pedir perdón. Eso, para mí, es lo primero. Pero ¿qué hago cuando sospecho que hay algo más? Lo primero que hago es observar. Mucho, con paciencia. Tomo nota. Escucho. No solo observo la parte académica, sino también la social. Puede tratarse de una sobreestimulación de casa. Hablo con la familia, las veces que haga falta. Y desde ahí, empiezo a hacer pequeños ajustes dentro del aula. No me refiero a un plan de enriquecimiento con papeles y reuniones. Me refiero a algo real: proponerle retos como cuando construimos el barco de la Ilíada, darle materiales diferentes y aprovechar sus propios intereses para ensancharle más.

Como docente, hay un momento que sabes que necesitas ayuda, que sabes que eso que estás haciendo no es suficiente. Y ahí entra la orientación del centro; no hace falta tener un diagnóstico firme para hablar con la orientadora o el orientador. Puedes comentar tus observaciones, preguntar, buscar juntos estrategias. No es un «o se deriva, o no se hace nada». Hay muchos grises dentro de la paleta de colores. Hay veces que es mejor caminar acompañado que ir solo. Aquí también entra la familia. A veces las familias lo ven antes que nosotros. Otras veces, no se lo esperan. Es entonces cuando toca sentarse, con honestidad, y compartir lo que ves. No para alarmar, ni para etiquetar, sino para acompañar de una manera ajustada y juntos. Es muy importante que las familias entiendan que no se trata de ir más adelantado o ser más listo, sino de tener unas necesidades diferentes que también hay que atender. Muchas veces, la primera reacción de una familia es la confusión: ¿ahora qué hacemos? ¿Vamos al psicólogo? ¿Esperamos? ¿Cambiamos de colegio? ¿Hacemos más cosas en casa? Lo que necesitan es alguien que les diga: calma. Paso a paso. Lo primero es observar; lo segundo que le acompañemos. Y lo tercero, si se llega a dar el caso, y hay necesidad, buscar una evaluación, pero con profesionales especializados y con una mirada que tenga en cuenta todo el contexto del niño, no solo su capacidad cognitiva.

Siempre recomiendo empezar por el colegio; hablar con el tutor o la tutora, con orientación, compartir esas inquietudes y preocupaciones. Y después buscar una evaluación externa, si así se considera. Lo importante, también, es saber cómo se siente, qué necesita, cómo podemos ayudarle a desarrollarse sin dejar esa parte de ser niño. Pero repito, necesito que esto quede muy claro: en Infantil, la parte social va primero. Si un niño sabe contar hasta mil, pero no puede jugar con sus compañeros sin enfadarse o aislarse, hay que parar y mirar ahí. Crecer no es solo aprender cosas, es aprender a estar dentro del mundo. Y en esas edades, se aprende jugando, compartiendo, chocando unos con otros, reconciliándose y, también, sintiendo que forman parte de algo más grande.

Si estás viendo señales, no tengas miedo. Observa. Escucha. Comparte. Haz lo que puedas desde el aula. Propón retos, pero también juegos. Ofrece más, pero sin aislar. Y cuando lo necesites, pide ayuda. Y si eres familia, busca aliados en el cole. Pregunta, comparte y escucha. Y, sobre todo, no te agobies (qué fácil es escribirlo, pero hay que intentar hacerlo). Tener una hija o un hijo con un ritmo diferente no es un problema. Es simplemente una forma distinta de estar en el mundo. Al igual que el resto, necesita acompañamiento. Al final, de eso va todo: de acompañar. A los que necesitan más tiempo. A los que van volando. A los que no sabemos por dónde van y a todos. Como mejor podamos, pero siempre, siempre, estando presentes.

Siento decir que no hay recetas mágicas; no existe eso de la fórmula perfecta. Pero sí que existe la presencia, la atención y el cariño. Hay muchas veces que hay que realizar ensayo y error, y eso está bien. Lo importante es que no dejemos solos ni a los niños ni a las familias. Que cuando algo no encaja del todo, en lugar de mirar para otro lado, miremos con más atención. No siempre va a ser cómodo. A veces, hay que hacer malabares sin entender nada del arte circense, probar cosas que no funcionan, cambiar de enfoque, pedir ayuda. Como profes y como familias, toca remangarse. Porque a eso venimos: a estar, a implicarnos y a hacerlo lo mejor posible, aunque cueste.

ESTRATEGIA 1: **Aprovechar los intereses propios**

En el cole, si una niña o un niño muestra mucho interés por un tema, podemos integrarlo dentro del aula sin necesidad de cambiar toda la programación. Se puede proponer como rincón de investigación, como parte de un proyecto grupal o como opción de actividad para los tiempos más flexibles. La idea es que lo que a ese niño le engancha se utilice como manera de impulsar esa motivación, pero sin aislarle del grupo. En casa, esto se puede transformar en explorar juntos otros temas, buscar libros, ver documentales o simplemente dejar que ellos mismos se pongan retos o preguntas e intenten resolverlas. Si le gusta contar hasta el infinito, podéis jugar a hacer series numéricas mientras vais en coche o cocinar midiendo las cantidades. NO se trata de empujar, sino de acompañar con lo que ya le gusta.

ESTRATEGIA 2: **Enseñar a frustrarse**

En clase, un punto clave con estas niñas y niños es trabajar la tolerancia a la frustración. Muchos están acostumbrados a que todo les salga a la primera; cuando algo no lo controlan, se bloquean o se frustran rápido. Por eso es útil ofrecer tareas en las que no siempre tengan el control: juegos cooperativos, actividades abiertas sin una única solución, dinámicas grupales donde tengan que adaptarse al ritmo de sus compañeros, o incluso retos que requieran varios intentos.

Lo importante es que vivan el error como parte natural del aprendizaje, no como un fallo garrafal. En casa, esto se puede reforzar dejando que se equivoquen sin dar la solución inmediatamente. Jugar a algo que no dominen, cocinar sin recetas exactas, montar cosas sin instrucciones o simplemente esperar a que resuelvan algo sin intervenir al segundo. No se trata de ponerles obstáculos artificiales, sino que aprendan que equivocarse no es un problema, sino una parte más del proceso.

ESTRATEGIA 3: Cuidar la parte social sin forzar

En el colegio, cuando sienten esa seguridad y disfrute compartiendo juegos y conversaciones con las figuras adultas, es importante intervenir con intención, pero sin forzar. El adulto puede empezar mediando en los juegos: invitarle a unirse a los juegos de sus compañeros, explicarle cómo entrar en la dinámica o incluso proponer actividades donde sepa que puede disfrutar sin tener que renunciar a lo que le interesa. Después hay que dar un paso atrás, poco a poco, para que pruebe a sostener la relación por sí mismo. Animarle a separarse del adulto no es dejarle solo, es confiar en que puede. También ayudan las parejas rotativas, los juegos en grupo con roles asignados o incluso dejar que, a veces, sea él quien enseñe algo a los demás. En casa, esto se puede traducir en crear situaciones donde pueda compartir tiempo con otros niños de forma natural: invitar a jugar a casa, proponer juegos de mesa colaborativos o hacer alguna actividad conjunta en la que todos tengan un papel. No hace falta montar un grupo social enorme; basta con tener oportunidades reales de interacción. Si necesita ayuda para conectar, se le acompaña y, cuando esté listo, se suelta. Aprender a estar con otros también se entrena y se enseña.

Siento la necesidad de recalcar que no hace falta esperar un dictamen oficial para empezar a ofrecer respuestas educativas más acordes con las necesidades de una niña o un niño. Las medidas pueden y deben comenzar antes, si ya hay indicios claros. Ahora bien, si se siente que se necesita más certeza o más claridad, siempre se puede iniciar el protocolo de evaluación. No como una meta en sí mismo, sino como otro camino posible hacia una comprensión. Porque a veces, una evaluación no solo pone nombre a algo, sino que también abre puertas, tranquiliza las dudas o, al menos, nos permite mirar con otros ojos.

11.
La taza amarilla

Una historia sobre aprender a compartir
sin tener que renunciar

Era la última semana de octubre y en la clase de cuatro años, como cada día al terminar el patio de la mañana, tocaba un tiempo libre en los rincones de juego simbólico. Es un momento en el que pueden elegir con qué jugar, con quién y cómo hacerlo. Era uno de los momentos más esperados para la clase, pero también, muchas veces, donde se generan más conflictos.

Ese día Emma fue quien llegó la primera al rincón. Se la veía tranquila, con ese brillo que aparece cuando sabes que algo te pertenece, al menos por un ratito. Eligió una pequeña taza amarilla del rincón de la cocinita y se sentó en un banquito de madera. No hablaba mucho, pero su forma de jugar era completamente suya. Meticulosa, ordenada, silenciosa. Sirvió agua invisible a sus muñecos. Les habló en voz bajita y los sentó como si realmente estuviera charlando con ellos. Durante minutos, ese espacio fue únicamente suyo.

Hasta que llegó su compañera Abril. Abril era todo lo contrario a Emma: explosiva, espontánea, ruidosa. Una niña encantadora, pero de esas que siempre dan por hecho que pueden tener lo que desean en el momento que ellas eligen y deciden. Y, esa mañana, lo que quería era… la taza amarilla que, justamente, tenía Emma.

—Emma, ¿me la das? —preguntó sin esperar mucha respuesta. Ya estaba extendiendo su mano para alcanzarla.

Emma intentaba no mirarla. No dijo nada. Solo apretó con más fuerza su taza.

—Emma, ¡tienes que compartir! —le insistía su compañera.

Desde otra zona de la clase, una voz adulta cambió toda la situación.

—Emma, tienes que compartir con Abril. Hay que ser buenas amigas, ¿no?

Emma tampoco dijo nada, en ningún momento tuvo voz. Ni por iniciativa ni porque impidió tener en toda esa decisión. Sin saber muy bien por qué, extendió la taza y se la dio a su compañera. La profesora Elena lo estuvo viendo todo desde el otro lado de la clase. O al menos eso pensaba que había hecho. Observó desde la distancia y sonrió pensando que había hecho lo correcto. «Hay que aprender a compartir», pensó. Pero no vio el temblor en los dedos de Emma al soltar la taza, que tanta ilusión le había hecho poder tener en sus manos aquella mañana. Tampoco observó que no había terminado de jugar con sus muñecos que con tanto mimo había preparado. No percibió la tristeza invisible que había quedado sentada en el banquito de madera de clase. Aquella tarde, Elena se fue dándole vueltas a su casa. Algo en esa escena le chirriaba. No era la primera vez. A veces, cuando intervenía para «enseñar a compartir», sentía que algo se rompía en quien era más callado, en sus minipersonas más prudentes, en las que cedían siempre sin entender por qué. Esa noche, mientras preparaba materiales en casa, se acordó de algo que le había dicho su madre cuando ella tenía seis años:

—Elena, si no quieres dejarle tu cuento, no tienes por qué hacerlo. Compartir no es regalar, es invitar.

Elena se vio de nuevo en su habitación cuando era pequeña, con su libro preferido entre sus manos. Su madre la había escuchado llorar porque su prima mayor se lo había quitado de las manos. Entonces su madre, sin regañar ni imponer, simplemente explicó:

—Compartir es ofrecer con cariño, no ceder con tristeza. Tú decides si se lo prestas. Si no quieres, también está bien. Tendrá que aprender a esperar hasta que termines de leerlo.

Ese momento parecía que se había quedado olvidado en su memoria y había despertado en el momento perfecto, como si de un hechizo se tratara. Elena también recordó otra escena mucho más antigua, de cuando tenía apenas cuatro años. Sucedió en el patio del colegio, mientras jugaba a la comba. Era su comba. La había traído desde su casa y estaba emocionada porque por fin sabía saltar sin tropezarse. Una niña más mayor se acercó y se la pidió. Elena en ese momento dudó. Quería seguir jugando, pero su seño la miró y le dijo: «Sé buena compañera y dejásela. Si no, nadie va a querer jugar contigo». Y claro que se la dejó. Se quedó sentada, mirando cómo otras niñas saltaban con su cuerda. Se sintió pequeña. Invisible. Como si no importase lo que ella quería o que ese juguete fuera suyo. Esa misma sensación es la que estaba reflejada en los ojos de Emma.

Al día siguiente, Elena preparó una dinámica distinta. En vez de una sola taza amarilla, dejó cuatro. Todas eran iguales. Y sentó a Emma con Abril. Sin decir nada, simplemente, las observó.

Emma miraba las tazas. Dudaba. Pero se decidió a coger una. Abril cogió otra. Cada una se sirvió su té de mentira. Por primera vez jugaron juntas, pero cada una desde su juego. Luego, sin decir nada, Emma le ofreció su taza a Abril.

—Ahora tú —dijo Emma con voz suave.

Abril sonrió. Esta vez no fue una orden, fue un gesto. Elena sonrió. Esa era la diferencia. Emma había elegido compartir, nadie la obligó. Por supuesto, no hacía falta tener el doble de todos los juguetes para que aprendiera, pero ese primer gesto las ayudó a iniciar el viaje. Desde entonces, Elena decidió cambiar su forma de intervenir. En lugar de imponer, comenzó a acompañar. Cuando un niño pedía algo que otro tenía, ya no le decía: «Compártelo, sé buen compañero»; en su lugar empezó a decir:

—Puedes pedirlo con palabras suaves.

—Si la otra persona no quiere, puedes esperar a que termine de usarlo.

—También puedes buscar otro juguete.

—Si os apetece, ¿por qué no jugáis juntos?

Frases sencillas. Claras. Comprensibles para minipersonas de esa edad. Y, sobre todo, una manera de mediar mucho más justa. Sin imponer ni obligar; teniendo presentes los sentimientos y decisiones de ambas partes. El principio no fue nada sencillo. Algunos lloraban, otros protestaban. Las familias también preguntaban. Incluso hubo una familia que le dijo: «Pero entonces, ¿no les enseñas a compartir?». Elena les contestaba: «Les estoy enseñando a respetarse, desde ahí compartir va naciendo poco a poco». De verdad que, poco a poco, algo empezó a cambiar. Aparecieron charlas entre ellos:

—¿Cuando termines me lo das?

—¿Jugamos juntas?

—Ahora no quiero, pero luego te lo doy.

Comenzaban a escucharse, a esperar y lo entendía. Fue calando también en cada casa. En las tutorías, las familias compartían con asombro lo que sucedía:

—Ahora me dice: «Estoy usando eso, luego te lo doy».

—Me pide las cosas sin llorar.

La nueva herramienta estaba funcionando. Emma tardó varios días en volver a jugar con la taza amarilla, pero cuando al final lo hizo, Abril se acercó de nuevo a pedirla, Emma la miró y le dijo:

—Todavía no. Estoy jugando. Toma esta.

Y Abril, para sorpresa de Elena, no se enfadó ni se la arrancó de las manos. Agarró la otra taza y decidió jugar con Emma.

Reflexión como profesor

Este tema de compartir «porque sí» es uno de esos que nos han enseñado a todos desde que éramos pequeños y que, sin querer, repetimos como si fuera una ley universal no escrita. «Hay que compartir y punto». Y si no lo haces eres egoísta, mal compañero y poco generoso. Pero ¿y si no es todo ni blanco ni negro?

Os prometo que, durante años, yo también lo hacía así. Niño A tiene algo, niño B lo quiere; niño A no se lo da, niño B llora. Yo intervengo, «¡Hay que compartir, venga, déjaselo a tu compañero!». Solucionado. Bueno, o eso he estado creyendo durante varios años. La realidad es que muchas veces lo que hacemos es apagar al niño A. No le enseñamos a que su juego y su tiempo son valiosos, ni tampoco enseñamos a niños B a frustrarse, a esperar y a tener paciencia. Hay niños que no se quejan, que no lloran, que no arman ningún jaleo, pero eso no significa que no les duela. Lo que pasa es que lo viven hacia dentro. Solo hay que saber observar, para darte cuenta de esas caras de bajón cuando les quitamos algo por el *compartir*. Esa forma de encogerse un poquito, como si lo que sienten no importase tanto como el que grita que lo quiere. Y cuando lo ves, te escuece. Te duele también a ti.

Obligamos a compartir porque creemos que es lo correcto; pero si lo piensas, lo que enseñamos no es generosidad, sino obediencia. No les estamos enseñando a compartir, les estamos enseñando a ceder, aunque no quieran. ¿Es eso lo que queremos? ¿Que aprendan a complacer a los demás, aunque les incomode a ellos mismos? Claro que queremos que compartan, pero queremos que lo hagan desde un deseo propio, no desde la imposición de la figura adulta. Que el día que digan algo como «toma, te toca a ti», lo hagan con ganas, no con pena. Porque esa es la verdadera generosidad. Lo más loco de todo es que, cuando dejas de forzar, ocurre la magia. Es lo que me han hecho vivir estos años en docencia. Al principio cuesta: hay frustraciones, enfados, alguna lágrima, pero con acompañamiento, con paciencia, con escucha... las cosas cambian. Empiezan a aparecer frases como:

— Cuando acabe te lo doy.

—¿Jugamos juntas?

Eso es una pasada de bonito. Porque es algo real. Nace de ellos. No es una frase que repiten porque el profe se lo dice, sino porque lo sienten así. A veces, las familias preguntan «pero entonces, ¿le dejas que diga que no? ¿Así no se volverá un egoísta?», y siempre les contesto que «decir que no, no es ser egoísta, es saber poner límites. Y eso, en el mundo real, es una habilidad que vale oro». Saber decir «esto es mío» es tan importante como saber decir «ahora me apetece jugar contigo o solo». Si no aprenden eso de pequeños, luego les cuesta el doble en la adolescencia o en la vida adulta. Algo también importante es que cuando una niña dice que no, la otra aprende algo muy valioso: a esperar, a tolerar la frustración y a aprender que las decisiones de la otra persona también son importantes. No todo es «lo quiero y lo tengo ya». Eso no se enseña en una ficha ni en una asamblea, se aprende viviéndolo y sintiéndolo.

Como adulto, no hace falta correr a arreglarlo todo rápidamente. No se rompe nada si una niña o un niño llora porque le tocó la taza amarilla. Lo que se rompe es cuando aprende que sus emociones no importan o que solo hay una forma de ser *bueno*.

Así que, familias, compis, profes, gente que educa… Os invito a mirar más allá del mero conflicto. A preguntaros: ¿qué está aprendiendo esta niña cuando le digo que tiene que compartir? ¿Qué mensaje se lleva la que pide y la que cede? Y, sobre todo, hay que ser valientes para romper con el piloto automático y las frases que repetimos como papagayos. Porque muchas veces hacemos las cosas como nos las hicieron a nosotros. No todo lo aprendido es útil, podemos revisarlo e incluso cambiarlo.

Esto también se entrena en casa. No vale con que en el cole les respetemos y en casa se les diga algo como «dale eso a tu primo, no seas egoísta». Tiene que ser un trabajo en equipo. Hablad en casa, escuchadles. Preguntaos cómo se sienten cuando les quitan algo o cuando se lo dan a alguien queriendo hacerlo. Ayudadles a poner palabras a lo que sienten, porque cuando se sienten escuchados, validados y respetados, comparten, y lo hacen con ganas, desde su propia decisión y no como manera de agradar al adulto.

ESTRATEGIA 1: **Enseñar a pedir con respeto y paciencia**

Antes de esperar a que los niños compartan, es fundamental que aprendan a pedir lo que quieren de forma amable. Esto significa enseñarles a usar palabras amables como «¿puedo jugar contigo» o «¿me lo dejas, por favor?», en lugar de exigir o quitar a la fuerza, pero no basta solo con enseñarles a pedir; también es importante ayudarles a manejar la frustración cuando la respuesta es «no».

Como adultos, nuestra labor es mediar en esos momentos; observar cómo se sienten los niños, nombrar sus emociones y guiarles para que aprendan a esperar pacientemente o buscar otras opciones mientras esperan su turno. No se trata de imponerles que compartan de inmediato, sino de acompañarles para que entiendan que respetar lo que el otro siente también es importante. Este acompañamiento es clave tanto en casa como en el colegio. Cuando aparece un conflicto por un objeto, el adulto puede intervenir con delicadeza para ayudar a los niños a expresarse, validar sus emociones y negociar soluciones sin presionar. De esta forma, poco a poco aprenden a pedir con respeto y esperar es parte del juego social, y que compartir debe ser una decisión que nace desde el deseo y no desde la obligación.

ESTRATEGIA 2: **Fomentar el juego cooperativo en grupos**

Más allá de compartir objetos, es importante que los niños aprendan a jugar juntos, a crear actividades donde todos participen y se sientan incluidos. El juego cooperativo no trata de dividir juguetes, sino de inventar juegos que requieran de colaboración y comunicación, donde la meta sea disfrutar juntos y no competir los unos contra los otros. En el cole y en casa, los adultos pueden fomentar juegos que impliquen turnos, roles compartidos o metas comunes, como construir una torre juntos. De esta manera, los niños experimentan que compartir es mucho más divertido cuando significa participar y crear juntos, no solo ceder algo que tienen.

Los adultos debemos acompañar, animar la comunicación y ayudarles a resolver los pequeños conflictos que vayan surgiendo. Siempre enfatizando el valor de escuchar al otro y respetar sus deseos.

ESTRATEGIA 3: **Juegos de equipo con rotación en mesas o rincones**

Esta estrategia se basa en organizar a los niños en pequeños grupos que juegan juntos en diferentes mesas o rincones con juegos o construcciones distintas. Después de un tiempo establecido, los grupos rotan para probar otro juego o actividad. Así, cada niño tiene la oportunidad de disfrutar de varios juegos sin necesidad de compartir un solo objeto con demasiados compañeros a la vez. Además, el hecho de estar en equipos fomenta la colaboración y la comunicación. La rotación les ayuda a practicar la espera y la paciencia, ya que saben que pronto podrán jugar con otros juegos que puede que les interesen algo más que el que tienen.

Como adultos, podemos medir y guiar las transiciones entre las transiciones, ayudándoles a que expresen sus emociones si sienten frustración o ansiedad por dejar un juego. Esta dinámica permite que el compartir sea natural y fluido, sin que se convierta en una obligación frustrante, y, además, genera un ambiente divertido y organizado tanto en clase como en casa.

Como profe os diré que les encanta esta dinámica y siempre hay gritos de emoción con cada uno de los cambios. Se trata de calcular también el tiempo para que cada equipo haya pasado por todos los juguetes o rincones.

12.
El cole gris

Una historia sobre encontrar tu propio color

Todo era gris en aquel lugar. Las paredes, el suelo, las sillas. Hasta los lápices de colores parecían tristes, como si se
hubieran olvidado de lo que era. Me pregunté si todos los
coles eran así o si solo era el mío el que había perdido sus
colores. Las niñas llevaban faldas grises. Los niños, pantalones. Todos iguales. Las mochilas eran todas del mismo tono
y los cuentos no tenían dibujos. Un día pregunté por qué y
me dijeron que eran así. Es lo que hay. Por cierto, me llamo
Nico y tengo cinco años. Me encantan las estrellas, las sire-
nas y el helado de chocolate con menta, aunque dicen que
sabe a pasta de dientes. Es fresquito. Me gusta cuando llueve
porque puedo ponerme mi chubasquero rosa que me regaló
mi abuela. Me gusta el rosa. Mucho. Muchísimo. Pero en mi
cole, nadie habla de eso. Como si el rosa estuviera prohibido.

Un día llegué con una camiseta que tenía una luna rosa en
el centro. La había elegido yo. Me encantaba. Pensé que alguien diría algo bonito. Pero no pasó. Lo que pasó fue que se

rieron de mí. No entiendo por qué. La luna seguía ahí, como está en el cielo, pero parece que esta luna les molestaba. Ese día me quité la camiseta nada más llegar a casa. La escondí en el fondo del armario. Mamá me preguntó qué me pasaba, pero le dije que nada. No quería que se pusiera triste. Ella me la había regalado con todo su cariño cuando la vimos en la tienda.

Desde entonces noté que algo iba mal, aunque no sabía muy bien el qué. Era como si el mundo tuviera unas normas que nadie me había dicho y tampoco entendía. Normas sobre los colores, los juegos, los peinados, incluso sobre la forma de andar. Y yo… Yo solo quería ser yo: Nico. En casa tampoco lo entendían del todo. Papá solía decir que cada cosa tiene su lugar y que, si me gustaban tanto las cosas rosas, igual era mejor que no lo contara a los demás. «Ya sabes cómo son los niños», decía mientras me despeinaba con su mano grande. Mamá no decía nada, pero su silencio pesaba como una mochila llena de piedras. A veces, la sorprendía mirándome con una mezcla de ternura y miedo, como si quisiera protegerme, pero tampoco supiese cómo hacerlo.

Mi profe se llamaba Luis. Él era distinto. Tenía el pelo largo, gafas grandes de color morado y, a veces, venía con calcetines de dibujitos divertidos. Había días que venía a clase con un broche en forma de nube o una camiseta con un montón de colores. Se reía muy fuerte cuando alguien decía algo raro, y a mí me gustaba estar cerca de él. Me hacía sentir tranquilo, como si estar fuera de lugar fuera justo lo que tenía que pasar. Y estaba bien.

Una vez, en una de las pocas clases donde nos dejaban hablar de nosotros, Luis nos contó que cuando él era pequeño, también había estado en un colegio de color gris, pero no como el nuestro, sino uno donde los mayores eran los que no querían ver esos colores. Su mamá le había hecho un jersey amarillo brillante que le encantaba, pero un día, un profesor le dijo que los niños no debían llevar cosas tan llamativas. Lo mandaron a casa. No por portarse mal, sino por llevar un color que molestaba. No hizo nada malo. Luis nos lo contó sin estar enfadado. Ahora ya no le dolía. Pero me di cuenta de que, al final, se quedó un poco callado, mirando al suelo. Como si recordarlo aún le molestase un poco. Luego nos dijo que, desde entonces, había decidido no dejar que nadie le quitara sus colores. Ni su risa. Y por eso ahora llevaba los calcetines cada uno de un color diferente.

Un día, mientras todos estaban dibujando con sus lápices grises, saqué uno que había traído de mi casa escondido en el bolsillo del pantalón. Era de color rosa. Dibujé un árbol enorme, con hojas y una puerta en el tronco. Era un árbol mágico. No necesitaba decirlo. Lo era y punto. Cuando entrabas nadie te miraba raro ni te decía cosas feas. Mi profe pasó por mi sitio y lo vio. No me dijo nada. Me miró y me sonrió, y luego siguió caminando. Antes de irse me dijo: «Qué bonito ese árbol, ¿qué habrá después de esa puerta?».

Esa noche soñé con ese árbol. Estaba en medio del patio, donde antes solo había cemento. Nadie lo notaba ni lo veía, solo yo. Me acerqué, abrí la puerta y entré. Dentro no había colores, solo luz. Una luz suave. No venía de las lámparas ni del sol. Venía flotando por el aire. Las cosas eran lo que querían ser. Una piedra podía convertirse en nube y la nube en cohete. Todo tenía formas que cambiaban. No había risas burlonas ni conversaciones entre susurros. Caminé un rato por aquel lugar. Sentía que era libre. Que podía saltar sin que nadie me dijera que no lo hiciera. Que podía vestir de rosa sin que nadie se riera de mí.

Al día siguiente volví a dibujar el mismo árbol. Esta vez, mucho más grande. Con raíces que tocaban los bordes de la hoja. Lo puse en la esquina del mural de clase. Nadie se dio cuenta, era un mural gris sin nada bonito en él. Pero cuando el patio finalizó y volví a clase, vi que alguien había pegado un dibujo nuevo cerca del mío. Era otro árbol, más pequeño, pero con una puerta también. Desde ese día, cada vez que llegaba a clase, aparecían cosas nuevas en el mural. Un lago con peces de colores. Una niña con alas de unicornio. Un caracol con la concha como si fuera un castillo.

Una tarde, mi profe me pidió que me quedase un momento para hablar con él. Quería que le ayudase a colocar la biblioteca. Mientras ordenábamos, me contó cómo era él cuando tenía mi edad. Me contó que cuando era niño, le gustaban los cuentos donde los príncipes lloraban y las princesas salvaban dragones. Que tenía una colección enorme de piedras que iba coloreando, y que su favorita era una de cuarzo rosa que encontró dando una vuelta por la montaña con su abuela. Me enseñó una foto vieja donde aparecía él con un gorro de color morado. Me dijo que había tardado mucho en aprender a dejar de esconder lo que le gustaba.

«A veces, Nico», me dijo, «la gente no escucha hasta que les hablas en su propio idioma. Pero eso no significa que tengas que dejar de hablar el tuyo. Solo tienes que aprender a hacerlo más fuerte».

A la mañana siguiente, llovía, y decidí llevarme mi chubasquero rosa. Mamá me ayudó con sus manos temblorosas. No dijo nada, pero me dio un beso más largo de lo normal. En el cole, algunos se rieron. Otros no dijeron nada. Pero Luis, me guiñó un ojo al entrar.

Reflexión como profesor

Cuando empecé a trabajar en Infantil no fue solo con la idea de enseñar aspectos curriculares como colores, números o letras, sino para, desde el primer momento, enseñar valores como el respeto o la empatía. Quería que mi clase se convirtiera en un espacio donde las niñas y los niños pudieran formarse como personas, entender que cada uno tiene sus gustos y su forma de ser, y que todo eso merece un respeto. Aprender a expresarse y a que se les escuche es una parte fundamental de la enseñanza. No es solo la parte académica, que también está y es necesaria, pero si nos quedamos solo ahí, creo que estamos perdiendo lo esencial de esta etapa. Porque los niños llegan con un mundo interior lleno de preguntas, de deseos y de sueños, y muchas veces no saben cómo ponerle palabras o se encuentran con que los que les gustan no encajan con lo que el resto espera de ellos. Muchas veces las familias también se encuentran en ese proceso, o quizá no saben bien cómo apoyar a sus hijos cuando se salen de lo que la sociedad considera que es su camino.

Es por eso por lo que creo que el colegio es, en muchas ocasiones, un refugio; un sitio donde se escuchan esas diferencias, donde se validan, sin miedo ni vergüenza. No solo eso, sino que la niña o el niño aprende a encontrar su voz, a expresar lo que siente y a defender sus gustos con confianza. Tienen derecho a ser escuchados y respetados. No es algo que ocurra por casualidad. Es un trabajo de día a día, de escuchar, de intervenir con cariño, cuando aparecen los juicios o las burlas, de explicar a las familias que respeten y apoyen a sus hijos, eso es lo mejor que pueden hacer por ellos.

Jamás podemos subestimar la importancia de acompañar. Un niño que no se siente libre para ser quien es puede crecer con inseguridades, miedo a expresarse, e incluso baja autoestima. Y eso afecta a su desarrollo emocional, social y también académico. En Infantil, más que en otras etapas, el impacto de ese apoyo es aún mayor porque es cuando están construyendo las bases de su personalidad, su forma de relacionarse y de entender el mundo que les rodea. Es un momento crucial para que sientan que pueden ser ellos mismos y que eso es suficiente.

No es un camino sencillo. Las normas sociales, los prejuicios, los miedos están muy presentes y arraigados. Cambiar la mentalidad lleva tiempo y paciencia, pero es un proceso que se puede llegar a conseguir. Como profes, tenemos en nuestras manos la oportunidad enorme de sembrar semillas de respeto, libertad y autoestima. Para mí, eso es lo que realmente importa. No solo enseñar los números y las letras, sino formar personas capaces de amarse a sí mismas, de respetar las diferencias y de expresarse con confianza.

ESTRATEGIA 1: **Cuentos con diversidad de personajes**

Incluir cuentos que reflejan una gran variedad de personajes. Estilos y colores. Se trata de leer o contar historias en las que los protagonistas no encajen en estereotipos tradicionales, sino que muestran diferentes formas de ser, sus gustos y maneras de expresarse. Esto ayuda a los niños a ver que hay formas válidas de ser y a verse reflejados. Esta estrategia fomenta la empatía y la comprensión desde la infancia, tanto en el colegio como en casa. Los adultos pueden elegir libros o inventar cuentos que reflejen situaciones en las que los personajes luchan por ser escuchados o respetados, y que celebren la diversidad de colores, de juegos, etc. Compartir estas historias genera espacios de diálogo y reflexión.

ESTRATEGIA 2: **Espacios libres para la reflexión**

Crear momentos y espacios donde los niños puedan expresarse libremente a través del arte, el juego y la imaginación, sin restricciones ni juicios. Por ejemplo, dejar materiales de dibujo, disfraces o juegos variados disponibles para que elijan cómo usarlos, sin normas ni imposiciones. Esta estrategia es fundamental para que descubran sus intereses y gustos. Al no sentirse limitados por las normas o los prejuicios, pueden experimentar y jugar sin límites. Estos espacios promueven la confianza y la autoestima, porque sus elecciones son respetadas y valoradas.

13.
La familia que estaba presente

*Una historia sobre lo que de verdad necesita
un niño para crecer*

Sí, eran perfectos. Porque, ¿qué cojones es eso de la perfección? ¿Acaso no es estar ahí, equivocarse, volver a intentarlo y no soltar la mano? Hay días que llegaban tarde, se liaban con lo que había que traer al colegio, se olvidaban el rollo de papel higiénico para la manualidad. Pero estaban. Estaban siempre. Escuchaban, preguntaban sin dramas y confiaban en el profesor. No venían a crear problemas, sino a colaborar. En casa acompañaban, sin agobios, con paciencia (o con la que queda después de un día muy largo). Sabían que criar no es saberlo todo, sino estar. Hacían lo mejor que podían con lo que tenían. No eran perfectos, eran reales. Y eso, al final, es lo más importante.

Reflexión como profesor

¿Sabes? Llevo muchos años trabajando en Infantil, y te puedo decir una cosa: muchas veces nos obsesionamos con cosas que, al final, no son lo más importante. En esta etapa, en la que están empezando a descubrir el mundo, a conocer a sus compañeros, a entender qué es estar en un cole, lo que de verdad marca la diferencia no es si llevan la mochila perfecta. Lo que cambia las cosas de verdad, es que haya alguien al otro lado que simplemente esté. Que no es poco, ¿eh? Con *estar*, no me refiero solo a llevarlo a tiempo al colegio o firmar las excursiones, sino a estar de verdad. A acompañar sin agobios, a dejar que explore y que se equivoque, y a estar ahí para recogerlo, para escuchar.

Crecer no se hace en línea recta ni con ir cumpliendo tareas como si fuera algún tipo de *checklist*. Es un proceso torpe, lleno de curvas, caídas y vuelta a empezar. Y en esos tropiezos, lo que necesitan es compañía. No perfección, ni soluciones mágicas, ni una familia superpoderosa. Necesitan humanos reales a su lado, con todas sus dudas y todo su cariño. Te lo digo porque, como profe, he visto de todo. Familias que quieren controlar cada paso y que únicamente consiguen estresar a todo el mundo, incluido su hijo. Y familias que están tan desbordadas que casi no aparecen. Así como familias que simplemente están; imperfectas, reales, presentes. Y, creedme, esas son las que te dejan huella.

Me gusta encontrarme en las tutorías con familias con dudas, que quieren trabajar en equipo. Esas que no tienen recetas mágicas, porque la receta mágica no existe. Cada uno es un mundo y cada familia también lo es. Lo que sí existe es la posibilidad de trabajar de manera conjunta, de confiar y de compartir. Cuando eso pasa, el colegio no es un lugar solo para aprender letras, sino un espacio donde se sienten acompañados en su aventura de crecer.

Mi consejo para cualquier familia es que no se trata de ser perfectos, se trata de estar. De mirar a los ojos, de escuchar cuando te cuentan sus aventuras y mundos fantásticos; de no soltarles la mano, aunque estén en plena rabieta y lancen sus juguetes. Es hacer lo mejor que puedas con las herramientas que tienes, pero siempre con el mayor cariño que exista. La familia perfecta existe, pero no es la de recetas mágicas, sino la que se equivoca y se da espacio para aprender. La que acompaña, pero deja espacio. Y la que escucha y comparte.

ESTRATEGIA 1: Crea rutinas visuales y predecibles

Establecer rutinas claras y visuales (con dibujos o pictogramas) que le ayuden a anticipar qué va a pasar durante el día, tanto en casa como en el cole. Les da seguridad y reduce la ansiedad porque saben qué va a pasar. En casa puedes hacerlo con dibujos sencillos que representen las actividades diarias. Colócalo en un lugar visible y a su altura. Repásalo por las mañanas para que sepa qué toca. Así, tu hijo se sentirá más tranquilo y con confianza, y verás cómo, con el tiempo, hay menos conflictos y más tiempo de disfrute.

ESTRATEGIA **2: Crea rutinas de conexión familiar**

Establece pequeños rituales que permitan conectar con tu hijo, cómo compartir algo que haya pasado durante el día, contar un momento divertido, un momento de cuento juntos, etc. Estos momentos refuerzan la sensación de seguridad y acompañamiento, ayudan a poner palabras a sus emociones y fortalecer la relación. Además, crean un espacio donde saben que van a ser escuchados.

ESTRATEGIA **3: Fomentar pequeñas responsabilidades adaptadas a la edad**

Darle tareas sencillas y adecuadas a su desarrollo: recoger juguetes, quitarse el pijama o poner la mesa para que se sienta parte activa de la familia. La familia es un equipo, y como tal debemos colaborar en las tareas de manera conjunta. Estas responsabilidades aportan seguridad y autoestima.

14.
Un equipo de elefantes

Una historia sobre cómo construir un aula con
normas, afecto y trabajo en equipo

Cuando Claudia entró por primera vez en la clase de Infantil para hacer sus prácticas, lo primero que le vino a la cabeza fue «¿y ahora qué hago?». La clase ya estaba llena de vida. Voces, movimiento, risas, alguna que otra lágrima y un grupo de pequeñas personas con una energía imposible de contener. Claudia se quedó inmóvil en la puerta, y miró a su tutora, Marta, buscando algún tipo de señal. Marta se acercó con una sonrisa y le dijo sin rodeos:

—Lo primero que tienes que hacer es conocerlos.

—¿Y después? —preguntó Claudia.

—Después, ellos tienen que conocerte a ti. Pero eso viene solo, no te preocupes, se consigue a base de cariño y firmeza.

Esa frase se le quedó grabada. Cada vez que sentía que iba a perder el control, intentaba volver a ella. La clase de Marta tenía cinco normas muy claras y sencillas. Estaban visibles en un cartel colorido, con dibujos sencillos que los propios niños habían hecho:

1. Cuidamos a nuestras compañeras.
2. Escuchamos a la profe.
3. Caminamos por la clase.
4. Cuidamos de los materiales.
5. Trabajamos tranquilas.

—Este es el marco de seguridad —le explicó Marta—, pero no te equivoques, Claudia. Esto no es magia, esto no se consigue en una semana. Hay veces que ni en un trimestre. No hay fórmulas mágicas.

Bueno… quizá algo de magia sí que había.

Cada una de las normas tenía su razón. Marta le explicó que el orden de las normas tampoco era casualidad: empezaban por el cuidado a los demás, porque era la base de todo. No se trataba solo de ser amable, se trataba de crear un entorno seguro, donde cada niña y niño pudiera estar sin miedo. «Si no me siento cuidado, no puedo aprender», solía repetir Marta. La segunda norma, escuchar al profe, no estaba basada en la autoridad, sin más. Era parte del cuidado. «Yo también cuido cuando hablo. Les aviso, les guío, les contengo. Escucharme no es una orden, es una forma de protegernos todos», le dijo a Claudia cuando presenciaba una de las primeras asambleas. Las normas de moverse despacio, cuidar el material y trabajar con calma, venían después. No porque no fueran importantes, sino porque eran posibles una vez que las otras se hubieran asentado e interiorizado. Era una especie de pirámide que Marta aplicaba con calma, pero con mucha constancia.

—Al principio no funciona —se sinceró. Ni el primer día, ni el segundo, ni el décimoquinto. Pero si tú crees en ello y lo sostienes, poco a poco lo van interiorizando.

Claudia estaba realizando sus prácticas en una clase que se llamaba Los elefantes. Marta aprovechó el nombre para lanzar una idea que se convertiría en el eje del grupo: formar un equipo. En la pizarra dibujó una gran escalera. En la cima, pegó un sobre decorado con una interrogación. Nadie sabía qué había dentro.

—Este es nuestro misterio. Solo podemos abrirlo si subimos todos los peldaños. Y solo se sube si trabajamos como un equipo.

—¿Qué significa trabajar como un equipo? —preguntó una elefante.

—Ayudarse. Que cuando un compañero se olvide de una de las normas, tú sin gritar ni enfadarte, le ayudes a recordarla con cariño. Que, si alguien necesita algo, le ayudes. Que lo que conseguimos, lo conseguimos todos juntos.

La clase, de cuatro años, se miraron entre sí. Algunas caras mostraban entusiasmo y otras, confusión.

—Como cuando en el fútbol se pasan la pelota —dijo alguien.

—¡O el baloncesto! —gritó otra voz.

—¡Eso es! —dijo Marta emocionada—. Una persona sola no mete gol o canasta, necesita a su equipo.

Parecía que la idea estaba entendida, pero llevarla a la práctica es otra cosa totalmente diferente.

Un día, como otro cualquiera, Claudia presenció una escena que no olvidaría. Marta levantó la mano, el gesto habitual para pedir silencio en clase; cuando ella levantaba la mano, era porque tenía algo muy importante que decirles y necesitaba que la escucharan. Lo que ocurrió a continuación fue un caos. Cada mesa empezó a gritar a las otras:

—¡MARTA TIENE LA MANO LEVANTADA!

—¡¡CALLAOS, QUE TENEMOS QUE ESCUCHAR!!

Claudia no sabía si reír o intervenir. Marta, en cambio, no se movió. Esperó. Cuando ellos solitos lo gestionaron, bajó lentamente la mano.

—¡Lo habéis conseguido! —dijo con una sonrisa enorme—. Os habéis ayudado. Tenemos que pensar una manera diferente para que no parezca esto un mercado en hora punta.

Y así, con calma y humor, volvió a explicar. Claudia la observaba. Marta no interpretaba los errores como fallos, sino como intentos de acercarse al objetivo. No había regañinas, pero sí que había siempre firmeza. Y esa mezcla era lo que sostenía a la clase. La escalera con sorpresa no era solo un juego. Era una herramienta de cohesión, de motivación y también de evaluación invisible. Marta usaba ese recurso para detectar cómo evolucionaban los vínculos del grupo, cómo interiorizar las normas y cómo se ayudaban. Cada vez que cumplían un reto trabajando en equipo, el elefante subía un peldaño. Lo hacían entre todos. Si alguien decía «¡pero yo sí que lo he hecho bien!», Marta le respondía:

—Lo sé, te has esforzado muchísimo. Pero qué hacía falta para que el elefante subiera por la escalera.

—Hacerlo en equipo.

La escalera terminaba con un taller sorpresa: una sesión de pintura con tinta invisible, una fábrica de naves, una cueva con luces apagadas… Marta diseñaba cada sorpresa no solo como un premio, sino como una experiencia artística, manipulativa y emocional. Era la recompensa colectiva a un esfuerzo colectivo.

—Si conseguimos hacerlo juntos, lo que vivimos también lo vivimos de otra manera. No es lo mismo una actividad programada. Esto tiene un valor simbólico —comprendió Claudia.

Tras unos meses, comenzaron a llegar comentarios de las familias. Una madre, con cara de sorpresa, le contó a Marta:

—Antes mi hija dejaba todo tirado por todas partes, ahora recoge ella solita. Siempre dice: «Así la próxima persona se lo encuentra bonito». ¡No me lo creo!

Marta se lo contó a Claudia con una sonrisa.

—Esto es lo que buscamos. Que lo que aprenden aquí no se quede solo en el cole. Si han entendido cómo ayudar, cómo cuidar, cómo trabajar en equipo… lo llevarán fuera de estas paredes.

Era cierto. En el patio, cuando alguien se caía, ya no había gritos ni acusaciones. Lo que aparecía primero era una mano amiga, una voz tranquila y una pregunta, «¿estás bien?». Y si no sabían cómo resolver el conflicto, pedían ayuda a los profes. Cuando las prácticas terminaron, Claudia se llevó una libreta llena de anotaciones. Técnicas, actividades, consejos… Pero más allá de eso, se llevó una forma diferente de mirar a la infancia.

—No se trata de que te obedezcan. Se trata de que te escuchen porque confían. Y eso no se logra ni con autoridad vacía ni con premios constantes. Se logra con constancia, firmeza y cariño. Los tres pilares fundamentales —le dijo Marta.

Claudia se despidió de sus prácticas con un poco más de seguridad. Le tocaba enfrentarse ella sola a una clase, pero ya sabía por dónde caminar. No hay atajos. Cada grupo es diferente. No hay manuales que funcionen igual para todas las clases. Pero lo que sí se puede hacer es trabajar el vínculo, con cariño y firmeza. Para construir algo duradero. Todo empieza por conocerlos y dejar que te conozcan.

Como un verdadero equipo de elefantes.

Reflexión como profesor

Creo que a estas alturas del libro te habrás dado cuenta de que en esto de educar no hay una fórmula mágica. Ni en clase ni en casa. No hay una varita que haga que un grupo te escuche, respeten, ordenen, compartan y que, encima, se diviertan aprendiendo. Pero lo que sí hay son claves, experiencias reales y mucha observación. Esta reflexión la escribo desde el suelo de mi clase, el mismo suelo que, a veces, está lleno de témpera; otras, de lágrimas, y muchas otras, de risas. Desde el cole, pero también pensando en casa, porque al final, estamos todos en el mismo barco. Así que aquí va lo que he ido aprendiendo, mis consejos y mis «oye por si te sirve». Ya lo he dicho en la historia, pero lo repito: lo primero y esencial es conocerlos. Saber quiénes son, qué les gusta, qué les molesta, cómo reaccionan cuando están cansados o frustrados, qué les hace reír. Esto se aplica tanto en clase como en casa. A veces, como adultos, damos por hecho que *deberían saber* ya hacer ciertas cosas. Pero cada una y cada uno es diferente. Lo que le funciona a uno, al otro le genera el efecto contrario. Conocer no es solo saber sus nombres. Es observar, escuchar y estar presentes. Y ojo, no es cuestión de tiempo, sino de intención.

En mi clase hay cinco normas. No son muchas. Son claras y, sobre todo, tienen sentido. No están impuestas *porque sí*. No se trata de tenerlos callados y quietos. Están para que se cuiden, para que la clase sea un espacio seguro.

Aquí viene un punto importante: en casa también hacen falta normas. Pero, igual que en el colegio, hay que explicarlas. No como castigos, sino como cuidado. «No se corre por el pasillo porque te puedes hacer daño». Igual que en el colegio, en casa tienen que cumplirse con firmeza y cariño. Lo más complicado para muchas familias (y también para profes) es mantener los límites sin caer en gritos o amenazas. Pero se puede. Cuesta y mucho, pero se puede. Lo importante es no dejar de intentarlo. El punto de que la firmeza no es dureza es clave. A veces, se confunde ser firme con ser autoritario. No va por ahí. Firmeza es coherencia, es sostener lo que has dicho sin perder los papeles.

Por ejemplo, si en clase decimos que para poder hacer un taller sorpresa hay que cumplir las normas como equipo, no podemos ceder a mitad porque «hoy están más inquietos que de costumbre». Si en casa decimos que después del cuento toca dormir, no podemos alargarlo indefinidamente cada vez que piden otro. Porque si no, el mensaje que reciben es: las normas cambian cuando presiono. Es difícil. Sobre todo, cuando están cansados y tú estás cansado. Hay días y días. Y también nos tenemos que dar la oportunidad de equivocarnos y seguir aprendiendo.

En la historia os cuento cómo convertir a la clase en un equipo de elefantes. Lo que buscaba, más allá del juego y del misterio, era crear un sentido de pertenencia. Que cada niña y cada niño sintiera que no está solo. Que lo que hace afecta a los demás, y que juntos podemos lograr cosas muy bonitas. Esto, en casa, se traduce en hacer planes en familia. No hace falta montar grandes cosas. A veces, con cocinar juntos, poner la mesa, recoger los juguetes o preparar una manualidad, ya estamos sembrando esa sensación de «estamos juntos». Ayudar no es hacerlo perfecto. Es participar, desde lo que cada uno puede. Un niño de tres años puede llevar su vaso a la cocina; uno de cinco puede doblar su pijama; uno de seis puede revisar y preparar su mochila.

Uno de los momentos que más marca es cuando intentan recordar las normas entre ellos sin levantar la voz. Al principio no lo consiguen, eso está claro. Gritan de una mesa a otra. Pero es el inicio. Solo necesitan tiempo y acompañamiento para lograr el objetivo. La intención ya está ahí. En casa es igual. A veces, hay gritos entre hermanos o interrupciones constantes. Pero si trabajamos poco a poco en enseñar cómo hablarse bonito, cómo resolver los problemas con palabras bonitas, cómo parar y pedir ayuda, se irá notando. Os recuerdo que no es magia, ¿vale? Somos su ejemplo, su espejo. Si tú gritas cada vez que se equivocan, aprenden que el error se responde con gritos. Si tú respiras, explicas y sostienes el límite sin enfados, aprenderán que se puede hacer lo mismo de otra manera.

En el colegio uso la escalera del elefante para reforzar esa idea de equipo. Cada vez que consiguen cumplir las normas como grupo, suben un peldaño. Al llegar arriba, hay una sorpresa en forma de actividad chula. No es un premio material, ni un regalo, sino que es una experiencia compartida. Y funciona. Porque el objetivo no es portarse bien para tener algo, sino lograrlo juntos. Si uno olvida algo, otro se lo recuerda con cariño. Si una se frustra, otra le ofrece ayuda. Y cuando llega el momento de la sorpresa, la alegría es grupal.

En casa también se puede hacer. No hace falta dibujar una escalera, pero sí se puede crear un proyecto familiar: montar una tienda de campaña en el salón, cocinar un bizcocho, ver una peli con palomitas o hacer una búsqueda del tesoro por casa. Y que esa actividad sea el resultado de una semana de colaboración, de respetarse y de ayudarse los unos a los otros. Reforzar el esfuerzo del grupo les enseña algo mucho más profundo que el simple premio individual.

Uno de los momentos más bonitos como profesor es

cuando una madre o un padre me dice: «¡No me lo creo! ¡Ahora recoge solito cuando termina!». Yo sonrío, claro. Sé que no es casualidad. Que todo el trabajo de normas, de respeto, de hablar, de escuchar, de ayudar… se ha trasladado y lo están incluyendo en su vida fuera del cole. Ese es el verdadero objetivo de todo esto. No que se porten bien únicamente en clase o cuando yo estoy con ellos, sino que interioricen esos valores y los lleguen a aplicar por ellos mismos. Y eso, familias, también ocurre en casa. Cuando se repiten ciertas dinámicas con amor, paciencia y constancia, las niñas y los niños lo llegan a incorporar. Y llega un día que sorprenden; es ahí cuando te das cuenta de que todo el esfuerzo y la gestión de tu propia frustración, ha valido la pena.

Quiero dejar por escrito un mensaje a quienes estáis empezando a trabajar como profes, pero también para familias, madres, padres, tíos, abuelas… para cualquier persona que esté en ese rol de acompañar a una minipersona:

- No hay recetas universales. Lo que te ha funcionado hoy, puede que no te sirva mañana. Lo que es válido con uno, con otro es un auténtico desastre.
- Tómatelo con calma. No vas a hacerlo perfecto. Vas a perder la paciencia. Vas a dudar, pero lo importante es seguir. La constancia.
- Escucha más de lo que hablas. Muchas veces los niños ya tienen respuestas. Solo necesitan espacio y tiempo para encontrarla.
- Celebra los avances, por muy pequeños que sean. Cuando

recuerda una norma, cuando ayuda a otro, cuando recoge sin que se lo digas. Todo suma.

- Sé su modelo. Eres su mayor ejemplo. Más que por tus palabras aprenden por cómo reaccionas, cómo hablas, cómo tratas a los demás.

Al final, todo esto no va de normas, ni de talleres sorpresa, ni de escaleras con premios. Va de formar a personas. Minipersonas que saben que son importantes, que entienden que su voz cuenta, que pueden ayudar, que pueden hablar cuando algo les molesta, que pueden equivocarse y seguir aprendiendo. Para eso necesitamos estar presentes. Con cariño y con firmeza; sabiendo que educar no es controlar, sino acompañar. En clase, en casa y en la vida en general.

Educar es eso: un acto de amor constante, que, si lo hacemos en equipo, mejor que mejor, ¿no?

15.
El día que Lucas
se volvió de colores

*Una historia sobre aprender a poner palabras
a lo que sentimos*

Aquella mañana, Lucas llegó a clase con la mirada puesta en el suelo, arrastrando su mochila a través del pasillo. Su profesor, Oliver, le dio los buenos días en la puerta con una sonrisa, pero Lucas no respondió. Solo levantó un poco la mano, sin mirar a nadie. Su cuerpo hablaba por él: algo no iba bien. Tenía cuatro años y unos ojos enormes, pero ese día parecía esconderse detrás de sus párpados. Oliver, sin decir nada más, le ofreció su mano. Lucas no dudó ni un segundo y le agarró con fuerza. Juntos caminaron hasta el círculo donde estaba el resto de los compañeros listos para realizar la asamblea de la mañana. En el centro, cinco botes de cristal, cada uno de un color diferente, y un montón de palitos con las fotos de cada uno de esa clase. Era la rutina de la mañana: compartir cómo nos sentíamos cuando llegábamos al cole.

Oliver se sentó con ellos, los miró y dijo:

—Hoy es lunes. ¿Recordáis qué pasa los lunes?

—¡Una emoción nueva! —gritaron varios a la vez.

—Eso es. Hoy viene a conocernos la emoción de color azul. ¿Cuál puede ser?

En ese momento, varias manos salieron disparadas hacia arriba como si se tratasen de fuegos artificiales. Unos decían mar; otros que si el cielo; otros, tristeza. Oliver sonreía. Sacó de su bolsa un dibujo de un monstruo azul. Tenía ojos grandes y llorosos. Era la tristeza.

—Hoy vamos a conocer qué se siente cuando estamos tristes, ¿vale? Porque también está bien sentirse así. Todos lo estamos alguna vez.

Mientras hablaban, Lucas seguía dentro de su silencio. Su mirada fija en ese monstruo azul que acababa de conocer, pero que sentía dentro. Oliver lo notó, pero no forzó nada. Repartió los dibujos y todos comenzaron a colorear. Azul claro, azul marino, azul pastel… El aula se llenó de calma. Al terminar, Lucas no solo había coloreado al monstruo, había escrito su nombre en grande con letras torcidas. La semana siguiente trabajaron la rabia. Luego la alegría. Luego el miedo. Luego la calma. Lucas iba participando poco a poco. Algunos días dejaba el palo en el bote del miedo. Otros, en el de la rabia. Nunca en el de la alegría. Hasta que un viernes, sin que nadie dijera nada, colocó su foto en el bote amarillo. Oliver lo vio desde lejos y solo asintió. No hizo falta más.

En octubre, Lucas llegó con una carta en la mano. Se la había dado su padre; era de su madre. Decía que iba a tardar en volver, que estaba en otro país, que pensaba en él cada día. La carta tenía dibujos, besos pintados con pintalabios y muchas palabras que Lucas no entendía del todo. Pero la guardó en su mochila. Y ese día, cuando Oliver preguntó «¿cómo te sientes hoy, Lucas?», Lucas contestó:

—Triste... pero un poco contento.

Y colocó su palo haciendo un puente entre ambos botes. Los compañeros no dijeron nada. Sabían que eso era posible. También lo sentían a veces.

Un jueves cualquiera, durante una asamblea sobre la emoción de la alegría, Oliver sacó algo de un cajón: una nariz de payaso, «hoy, quien se la ponga, tiene que decirle algo bonito a un compañero». Al principio hubo muchas risas nerviosas. Pero Bruno se la puso y dijo: «A mí me gusta cómo canta Sara»; luego Sara se la puso y dijo: «A mí me gusta que Diego me abrace cuando lloro». Y así, uno a uno. Cuando le llegó el turno a Lucas, dudó. Pero se la puso. Miró a su amigo Leo y le dijo: «Me gusta jugar contigo». Eso fue mucho.

A lo largo del curso, Lucas fue cambiando. No por arte de magia; fue poco a poco, entre monstruos de diferentes colores, narices de payasos, asambleas con abrazos y paseos por el patio de la mano de Oliver. Aprendió a decir: «Hoy no quiero hablar», «estoy enfadado», «quiero un abrazo». Y, sobre todo, a preguntar a los demás cómo se sentían. En enero, empezó a llevar la nariz de payaso al rincón de lectura y a ponérsela cuando leía cuentos a sus compañeros. Era su forma de decir que estaba alegre, que quería compartir. Oliver le dejó hacerlo. Se fue convirtiendo en un pequeño ritual. También crearon entre todos *El tarro de las palabras bonitas*. Cada vez que alguien decía algo que hacía sentir bien a otro, Oliver lo escribía y lo metían en el tarro. Una vez a la semana, lo abrían y lo leía Oliver en voz alta durante la asamblea. Lucas se emocionó la primera vez que escuchó «me gusta jugar con Lucas». Un día de primavera, cuando ya el sol empezaba a colarse por las ventanas de la clase, Lucas llegó con un dibujo entre las manos. Era un monstruo de muchos colores. Tenía alas y en una esquina, con letras torcidas escribió: Lucas. Oliver lo enmarcó y lo colgó en clase.

Desde entonces, ese fue el dibujo que las nuevas niñas y niños veían al entrar a clase. Y debajo, una frase que todos aprendieron a decir: «Está bien sentir muchas cosas juntas. Lo importante es aprender a contarlo».

Reflexión como profesor

Vamos a ser claros. Esto de trabajar las emociones en Infantil no va de carteles bonitos ni de frases pegadizas en redes sociales. Va de mirar a los ojos a un niño que no dice nada y saber que ahí está pasando algo. Y no mirar a otro lado. Eso es lo que importa.

Lo que te voy a contar no está sacado de un libro ni de un curso de veinte horas; está sacado de mi clase. De mis momentos de asambleas por las mañanas, del rincón de la calma donde más de uno se ha echado una siesta entre lágrimas, de las conversaciones a media voz mientras todos pintan.

Ojo, que no soy ningún gurú. Solo un profe que, después de años repitiendo lo mismo, entendió que, si no trabajamos las emociones, no estamos enseñando de verdad. Te pongo un ejemplo. Lucas no hablaba. Llegó así a clase; en silencio. Y su cuerpo lo gritaba todo. Si yo me hubiera centrado en que no pintaba bien o no seguía las instrucciones, me habría perdido lo importante: que ese niño no podía con lo que llevaba dentro. ¿Qué hicimos? Darle su espacio y tiempo. No obligarle a hablar. Estar. Así de sencillo. A veces, estar en silencio al lado de alguien ya es un mensaje poderoso. Con el tiempo, fue soltando palabras. Luego frases. Esto no es magia; es rutina. Y mucha constancia. No puedes hacer una actividad sobre la tristeza una vez al trimestre y esperar que confíen en ti. Tienen que ver que te importa cada día. Que no pasa nada si lloran. Que la alegría no es obligatoria. Que estar enfadado es válido si no haces daño. Que sentir miedo no es de débiles.

En mi clase empezamos con algo sencillo: botes con emociones y sus fotos. Les encanta mover su palo. Al principio lo hacen por imitación, pero poco a poco empiezan a pensarlo. Y algunos se sientan delante de los botes un buen rato antes de decidir. Eso es oro, porque están nombrando lo que sienten. Eso ya es un aprendizaje bestial. Claro que uso cuentos, y dibujamos mucho. Y, a veces, solo usamos una nariz de payaso. Te prometo que la primera vez que la saqué, pensé que se reirían un minuto y ya. Pero no. Fue un puente; se la ponían y decían algo bonito. Y eso, dicho desde el juego, les llega más que cualquier charla de adultos. Y ahora, a veces, se la ponen para contar cuentos, o para animar a alguien. Es su símbolo de la alegría. Y eso no lo diseñé yo. Lo hicieron ellos. Y me parece mucho mejor que mi idea inicial.

Claro que hay días en los que todo se desmadra. Que hay rabietas, gritos, empujones. No somos inmunes al caos. Pero tener un lenguaje emocional ayuda mucho. Porque puedes decir «¿te sientes enfadado?», y eso cambia el enfoque. Ya no es «eres malo», es «te pasa algo». Y desde ahí, podemos construir muchas cosas importantes y valiosas. Al final, esto va de observar. De tener tiempo para parar. De no ir siempre corriendo al siguiente objetivo. Cuando un niño te dice: «Hoy me siento como el monstruo azul», y tú no haces nada con eso, estás perdiendo una oportunidad muy grande. Así que eso, que, si puedes, haz sitio a las emociones en tu clase. No como algo aparte, sino como parte del día a día. No hay aprendizaje sin seguridad emocional, y la seguridad se construye sabiendo que te ven, que te escuchan y que te aceptan como estás.

Merece mucho la pena hacerlo.

ESTRATEGIA 1: **Rincón de las emociones con botes y palos**

Consiste en colocar cinco botes en un rincón de clase, cada uno con un color correspondiente a una emoción, y palitos con las fotos de cada niña y niño de clase. Al llegar por las mañanas y después, antes de irse a casa, cada uno coloca su foto en el bote que representa cómo se siente. Pueden cambiarla si lo necesitan a lo largo del día. Esto permite que la clase tome conciencia de su estado emocional, y que aprendan a identificarlo y expresarlo, y a ti como profe te sirve como termómetro emocional del grupo. Al cabo de unas semanas, no solo lo hacen de forma natural, sino que además se fijan en cómo se sienten los demás y empiezan a preguntar entre ellos. En casa, se puede hacer al levantarse y antes de cenar. Lo importante es que sea parte de la rutina y que dé pie a hablar sobre cómo nos sentimos. Se trata de crear un espacio donde se hable de emociones sin que exista un juicio.

ESTRATEGIA 2: **Asambleas emocionales con preguntas guía**

Esta estrategia consiste en incorporar a la rutina tanto en casa o en el cole un espacio breve pero constante para hacer dos preguntas muy concretas: ¿cómo te sientes hoy?, y ¿por qué? No se trata de que todos respondan siempre, ni de agobiarles a hablar, sino de que sepan que hay un momento donde pueden hacerlo si quieren. A veces, solo hablará uno, otras todos. Pero el verdadero valor está en la repetición; cuanto más lo haces, más confianza se genera y más natural se vuelve hablar de emociones. Y si tú como adulto participas y dices cosas como «yo hoy me siento enfadado porque he dormido mal», entonces les estás dando la mejor lección. Un adulto hablando libremente de emociones.

ESTRATEGIA 3: **Dinámicas asociadas a cada emoción**

Una forma muy eficaz de trabajar las emociones desde el cuerpo y el juego es asociar una pequeña dinámica a cada emoción. Por ejemplo, para la rabia, usar papeles que se arrugan y se lanzan a una papelera, como una forma simbólica y física de liberar tensión. Para el miedo, apagar la luz y explorar con linternas, permitiendo que hablen de lo que les da miedo mientras sienten que lo pueden mirar sin peligro. Para la alegría, la nariz de payaso funciona genial. En casa, puede ser también un peluche que represente la alegría, o una caja donde se meten «cosas buenas del día». No necesitas materiales caros ni preparación larga, lo importante es que haya un gesto, un movimiento, una experiencia que les ayude a identificar, expresar y comprender lo que sienten. Esto les queda grabado porque lo viven, no solo lo escuchan.

Al final, esto de la educación emocional no va solo de estrategias puntuales, ni de hacer una dinámica bonita el lunes y olvidarla el martes. Las emociones no funcionan con horario, y las niñas y los niños tampoco. Estamos sintiendo cosas todo el día: en el pasillo, en el patio, mientras pintan, mientras comen o mientras se enfadan porque no les han dejado ser primeros en la fila. Por eso, la verdadera clave no está solo en los momentos de asamblea o en las actividades dirigidas, que claro que ayudan, sino en lo que ocurre mientras viven esas emociones. Cuando un niño está enrabietado o triste o lleno de alegría, es ahí donde de verdad se puede trabajar. Nombrando, acompañando y poniendo palabras;

si lo hacemos solo en frío, desde lo teórico, les costará más relacionarlo con lo que sienten de verdad. En cambio, si lo hacemos justo cuando lo sienten, aunque sea con una frase sencilla, «esto que sientes ahora se llama enfado», les estamos enseñando a conocerse. Y eso no se olvida. Por eso digo que esto no es una actividad, es una forma de estar, una forma de mirarlos. Una forma de vivir la clase. Y cuando eso se da, te aseguro, no solo aprenden a hablar de emociones. Aprenden a respetarse y a cuidarse mutuamente.

16.
La luz de Nora

Una historia sobre el amor, la pérdida
y cómo seguir adelante

Nora tenía cinco años y unos ojos grandes que parecían mirar al mundo con sorpresa. Era una niña curiosa, tranquila, de las que siempre están haciendo algo con las manos: recogiendo piedras bonitas, dibujando en la tierra o jugando a hacer coronas con flores del campo. Nora vivía en una casa pequeña a las afueras del pueblo, rodeada de campo. Junto con ella vivía su padre; Pancho, su perro peludo y baboso que siempre estaba cerca, y la abuela Martina, que tenía las manos arrugadas, olía a colonia de lavanda y sabía un montón de historias. Cada tarde, después del cole, Nora iba corriendo a su casa. Dejaba los zapatos en la entrada y se sentaba con la abuela en su butaca favorita.

—¿Hoy qué historia toca, yaya?

Su abuela sonreía, tomaba aire despacio y empezaba a contar la del pez que quería volar, la del árbol que aprendió a bailar… Siempre había algo nuevo que imaginar juntas.

Un día, al llegar a casa, se encontró con la butaca vacía. Y al día siguiente también. Nora notaba que algo pasaba. Los mayores hablaban bajito, su padre tenía los ojos tristes, y Pancho no ladraba tanto. Se quedaba tumbado en el suelo cerca de la butaca.

—Nora, la yaya Martina se ha ido.

La niña le miró en silencio.

—¿A dónde?

—Su cuerpo ya no funciona, y ya no está con nosotros como antes. Pero, Nora, la yaya no ha desaparecido del todo. Su cariño, sus cuentos, su forma de reír… Todo eso sigue contigo. Está aquí —le dijo tocándole el pecho con suavidad—, como una lucecita que llevas dentro.

Nora no dijo nada. Solo se abrazó a su papá y lloró bajito. Los siguientes días fueron muy raros. La casa estaba más callada. Nora se sentaba en la butaca de la abuela y a veces jugaba con sus botones o acariciaba su bufanda favorita. Pancho se tumbaba a su lado, sin hacer ruido. Poco a poco, las lágrimas dejaron paso a los recuerdos. Un día, Nora llevó al cole un dibujo. Era una nube con cara sonriente.

—Esta es mi yaya —le dijo a su profe—. Ahora vive en las nubes y a veces se asoma por mi ventana.

La profe se agachó y le dijo:

—Qué bonito, Nora. Seguro que ella te escucha y le gusta ver cómo juegas.

Nora asintió, porque también lo imaginaba ella así. Cuando el viento movía los árboles de su casa, creía que era su risa. Cuando encontraba un botón en el suelo, pensaba que se lo había dejado su abuela para su colección. Un sábado, su madre le propuso hacer una caja de recuerdos de la yaya. Nora dibujó flores de lavanda en la tapa, y dentro metieron cosas que olían y sonaban a Martina: un pañuelo, una foto, un dedal, una carta escrita a mano, y una grabación con su voz contando un cuento. Cuando Nora la abría, sentía que la abuela estaba un poco más cerca. También plantaron un árbol en el jardín.

—Este es el árbol de la yaya —dijo su padre—, cuando crezca, podrás hablarle. Seguro que te escucha.

Nora le puso nombre, *El árbol de la yaya*. Todos los domingos le contaba cosas. Si las hojas se movían, ella sonreía. A veces le decía en bajito «yo también te echo de menos». La tristeza no se fue del todo, había momentos en los que aparecía sin avisar, ver un cojín vacío u oler a lavanda. Pero ahora Nora sabía qué hacer: respirar profundo, abrir la caja, abrazar a su papá o sentarse junto a su árbol.

Una noche, mientras se arropaba, le preguntó a su padre:

—Y cuando yo me muera, ¿también me convertiré en nube o en árbol?

—Te convertirás en lo que tú quieras, pero lo más seguro es que alguien que te quiera mucho te siga sintiendo cerca, igual que tú sientes cerca a la yaya —le contestó.

Nora cerró los ojos; entre susurros dijo:

—Buenas noches, yaya. Hoy vienes a verme en mi sueño, ¿vale?

Pasaron los meses. En primavera, el árbol de la yaya dio sus primeras flores; eran pequeñas y blancas. Nora las llamó «flores del recuerdo». Las recogía y las guardaba entre sus cuentos. El día del cumpleaños de su abuela su padre le propuso hacer una merienda especial.

—Pero si la yaya ya no está.

—Pues por eso mismo; para recordarla con alegría.

Decidieron preparar sopa de estrellitas y decoraron el jardín con flores que habían encontrado en el campo. Pusieron una silla vacía con la bufanda de la yaya encima. Invitaron a la vecina Rosa, que trajo una caja con cartas antiguas de la abuela. Al leerlas, Nora descubrió historias nuevas: cómo era de joven, qué cosas le hacían reír o qué miedos tenía. Eso hizo que la sintiera mucho más cerca.

Esa noche, encendieron una linterna dentro de un tarro de cristal que decoraron con dibujos.

—Es la luz de la yaya —dijo Nora—. Para que sepa que la seguimos queriendo y echando de menos.

Esa noche Nora soñó con Martina. Estaba sentada en su butaca, como solía hacer siempre. Nora corrió a darle un abrazo y a escuchar una nueva historia. Nora levantó la cabeza y le dijo:

—Te echo de menos, yaya... Sé que siempre me vas a querer aunque ya no estés aquí.

Reflexión como profesor

Trabajar con minipersonas es una de las experiencias más bonitas y a la vez más intensas que puedes vivir. Cuando entras en una clase de Infantil, entras en un mundo lleno de inocencia, risas, descubrimiento, pero también de emociones muy puras y, a veces, muy intensas. Porque, aunque parezca que son pequeños, sienten con una profundidad muy grande. Lo único es que no terminan de entender lo que sienten.

No te voy a engañar, a veces duele mucho. En mi caso, por ejemplo, relaciono mucho lo que viven con mis propias pérdidas. Cuando un niño en clase dice, con esa voz llena de dudas y sincera, «mi abuelo ha muerto», siento que es una llamada de socorro. No saben decirlo, pero te están pidiendo ayuda porque no entienden bien lo que les pasa, ni cómo manejarlo. Es como si buscaran soluciones en ti, que eres su adulto de referencia, porque en casa, a veces, no encuentran esas palabras o no saben qué hacer con sus propias emociones. He vivido momentos en los que, al hablar con ellos sobre la muerte o el duelo, me he emocionado delante de toda la clase, y creo que esa es la educación más real que puedo ofrecerles. Mostrarles que los adultos también sentimos, que lloramos y que echamos de menos, que el dolor no es algo que se pueda esconder ni evitar. Porque la muerte es parte de la vida, aunque sea algo difícil de comprender para todo el mundo, grande o pequeño.

Trabajar en Infantil me ha enseñado que los niños tienen una forma especial de vivir y comprender la muerte, totalmente diferente a la nuestra. Ellos no se quedan con el miedo o con la tristeza profunda como a veces pensamos, sino que encuentran pequeñas formas de seguir conectados con quien ya no está, y seguir. Quizá con un dibujo, un recuerdo que comparten o una pulsera. Por eso, me gusta mucho usar cuentos, juegos para acompañarlos en ese proceso. No se trata de ocultar lo que pasa, sino de darles herramientas que les ayuden a poner palabras y sentir que pueden seguir adelante. Pero también es duro para mí, no voy a mentirte. Es duro sentir ese mismo dolor, ver la tristeza en sus ojos y sentirla como propia. Al fin y al cabo, también soy un ser emocional, y cuando un niño me cuenta que ha perdido a alguien, pienso en mis pérdidas, en mi familia, en lo que echo de menos. Y, qué leches, que quiero mucho a mis alumnos y me duele por ellos. Me duele verlos mal. Intento crear muchos momentos de conversación para poder crear espacios de confianza, de respeto y apoyo mutuo… No podéis imaginaros la de veces que han sido ellos quienes se han levantado a darme ese abrazo que necesitaba. O me han sorprendido una mañana con un «Dani, ¿estás bien?».

Vivir todo esto me ha hecho reflexionar sobre la importancia de acompañar el duelo desde la cercanía, sin prisas ni frases hechas. Los niños necesitan tiempo para procesar, para hacer preguntas, para sentirlo. A veces, solo quieren que los escuches; otras necesitan que les ayudes a entender que, aunque su abuela ya no esté, el amor que sienten por ella no desaparece. También he aprendido que el duelo en la infancia no es lineal. No es algo que se *cura* o se *olvida* rápidamente. Es un proceso que va y viene, que a veces aparece en forma de lágrimas y otras en forma de enfado. Y todo eso está bien. Está bien que tengan esas emociones, porque es parte de su crecimiento y de una manera de entender el mundo. Para mí, como profesor, es fundamental estar ahí, presente, acompañando con paciencia y cariño.

ESTRATEGIA 1: Fomentar la comunicación entre la familia y el colegio

La colaboración entre el centro escolar y la familia es clave para acompañar el duelo de los niños. En el centro, los profesores deben mantener una comunicación cercana y respetuosa con las familias, informando de cómo se encuentra dentro del colegio y compartiendo pautas que ayuden. A su vez, las familias tienen que sentirse acompañadas y respaldadas para expresar sus preocupaciones y pedir ayuda cuando lo necesiten. Esta comunicación fluida permite crear un entorno estable para su hijo.

ESTRATEGIA 2: Crear un espacio seguro para expresar emociones

Es fundamental que tanto en el colegio como en casa los niños tengan un lugar donde puedan expresar sus emociones sin ser juzgados o ignorados. En el centro, se puede habilitar un rincón de la calma con diferentes materiales y acudir cuando lo necesiten. En casa, es igual de importante que la familia fomente conversaciones abiertas, que escuchen activamente y validen lo que se siente, mostrando que está bien sentirse triste, enfadado o confundido. Crear este espacio emocional seguro ayuda a que el duelo se procese de manera más saludable.

ESTRATEGIA 3: Utilizar cuentos y actividades simbólicas para entender esa pérdida

Los niños comprenden mejor los conceptos difíciles a través del juego y las historias. En el colegio, el profesor puede usar cuentos adaptados sobre la muerte y el duelo que expliquen estos temas de formas sencillas y cercanas, acompañado de dinamizaciones como pintar, dramatizar o construir cajas de recuerdos. En casa, los padres pueden leer esos cuentos con sus hijos y realizar juntos actividades simbólicas que ayuden a recordar.

ESTRATEGIA 4: Incluir a los niños en actos de despedida

Es imprescindible que puedan participar en algún tipo de acto o ritual de despedida adaptado a su edad y sensibilidad. Aunque en muchas ocasiones se tiende a ocultar estas experiencias para protegerlos, la ausencia de un cierre simbólico puede dejarlos con dudas o confusión, especialmente si han vivido la situación de forma indirecta. Por ejemplo, pasando tiempo en hospitales sin entender qué ha ocurrido. En casa, la familia puede preparar una despedida sencilla, que puede incluir soltar globos, hacer una ceremonia con canciones o dejar ir un objeto especial. Estos actos ayudan a los niños a entender la realidad de la pérdida, a canalizar sus emociones y a cerrar ese capítulo de una manera que puedan llegar a entender.

No hay un duelo perfecto ni una manera exacta de vivirlo, pero sí es fundamental permitir que se sienta y atravesar esas emociones, no evitarlas. Vivirlo en compañía siempre es mejor. El tiempo es la mejor cura que tenemos; poco a poco, nos ayuda a transformar la pérdida, dejando de ser un sufrimiento para convertirse en un recuerdo más tranquilo. Cada uno vive el duelo a su manera, y no hay prisas ni caminos correctos. Es importante respetar ese proceso, con paciencia y cariño. La tristeza, el llanto o el silencio son señales de que estamos sanando, no de que algo vaya mal. Compartir nuestras emociones con otros, hablar de lo que sentimos, es lo que nos acerca y nos fortalece.

Familias, cuando un niño vive una pérdida, puede que no siempre sepa cómo expresar su tristeza o miedo, y eso puede preocuparnos, pero recordad que ellos sienten, y necesitan nuestro cariño y paciencia para entender poco a poco lo que pasa. No hay prisas ni respuestas perfectas, solo acompañamiento desde el amor. El dolor también forma parte de la vida y hay que entenderlo.

17.
Exploradores curiosos

*Una historia sobre el descubrimiento del cuerpo,
la intimidad y la tranquilidad de saber
que lo que sentimos es natural*

Santi tenía seis años y una energía que parecía no acabarse nunca. Le gustaba correr, trepar, preguntar cosas constantemente, mirar bichos con lupa y dormir con su peluche favorito. Vivía con sus dos madres, Carmen y Lucía, que le adoraban incluso cuando dejaba las zapatillas en la nevera o intentaba ducharse con el impermeable puesto. Como muchos niños. Santi estaba en esa edad en la que el cuerpo se convierte en un universo lleno de cosas nuevas por descubrir. A veces, se miraba la barriga con el espejo o se hacía peinados raros en el baño. Pero había una cosa que hacía desde hacía un tiempo, que comenzaba a preocupar a sus madres: se tocaba los genitales con frecuencia, sobre todo cuando estaba tranquilo viendo la tele o justo antes de dormir.

Lucía fue la primera en notarlo, una tarde en la que Santi estaba recostado en el sofá, tapado con su manta de *Toy*

Story, viendo dibujos animados y con la mano dentro del pantalón. No hacía nada raro ni con intención de molestar, pero era algo repetido, y Carmen, al verlo, puso cara de «tenemos que hablar de esto». Hablarlo no fue fácil. No porque no quisiera, sino porque no sabían por dónde empezar, y eso que eran adultas, responsables y habían leído muchos libros sobre el tema. Pero cuando se trata de los hijos, los temas delicados se vuelven un campo de minas emocionales. Por eso decidieron consultar a Borja, su tutor. Era uno de esos profes que nunca miran con extrañeza, sino con paciencia y curiosidad. Borja las escuchó sin interrumpir, tomó nota y luego les sonrío.

—Tranquilas. Esto es más común de lo que parece. A veces, pensamos que la masturbación es algo solo de adolescentes o adultos, pero, en realidad, en la infancia es algo muy distinto. No tiene que ver con la sexualidad adulta, sino con el descubrimiento de su cuerpo. Es como cuando se hacen cosquillas en el brazo o se acarician el pelo porque los relaja.

Carmen asintió, con un poco más de aire en el pecho, pero con muchísimas dudas.

—¿Y qué hacemos si lo hace delante de otras personas? Hay gente que lo ve y se queda con cara de cuadro. Cuando vamos al parque, imagínate el papelón.

Borja las comprendía perfectamente.

—Ese es el concepto que tenemos que trabajar con Santi, la intimidad. No se trata de regañar, ni de hacer que se sienta mal. Solo hay que explicarle, con calma, que hay cosas que hacemos en privado. Igual que no hacemos pis en medio del salón o no vamos al cole en pijama; menos los días de carnaval, claro.

Volvieron a casa con esa idea rondándoles en las cabezas. Esa noche, decidieron hablar con él con tranquilidad. Le dijeron que su cuerpo era suyo, que estaba bien que sintiera cosas agradables y que lo importante era aprender cuándo y dónde. Nada de «eso no se hace», sino más bien un «eso se hace en el cuarto de baño». Santi escuchó, preguntó pocas cosas y luego cambió de tema para contarles que había aprendido a dibujar osos. El verdadero momento de aprendizaje vino unas semanas después, cuando Borja preparó una tutoría especial en clase. Borja sabía que tratar ciertos temas en clase de Primaria requería de un poco de tacto, humos y una pizca de magia. Así que llegó el martes con una caja de colores, carteles y una sonrisa de las que transmiten confianza. Empezó proponiendo un juego de categorías; en la pizarra dibujó dos casas. Una tenía las ventanas abiertas con niños jugando en el jardín, la otra tenía cortinas y una puerta cerrada; las llamó «cosas que hacemos en público y cosas que hacemos en privado».

—Vamos a pensar entre todos qué cosas podemos hacer en cada una de estas casas. Por ejemplo, ¿comer helado?

—¡En público!

—¿Cambiarse de ropa?

—¡En privado!

—¿Hacerse cosquillas en el pie?

—¡Público!

—¡Privado!

Parece que no estaban muy de acuerdo con dónde estaba bien hacerse cosquillas en el pie. Borja guio la conversación con cuidado. Les habló del cuerpo, de lo importante que era conocerlo y cuidarlo. Que hay cosas que nos hacen sentir bien y no son malas, pero que se hacen en espacios tranquilos, como cuando nos tapamos para dormir o nos relajamos en la bañera, y hablaron de la intimidad. Nunca dijo «masturbación» de forma directa, pero habló de caricias, de cosquillas a uno mismo. Suficiente para que entendieran el mensaje de *privado* o *público*. Pero tampoco es que con eso se solucionara, había que seguir pendientes.

Durante una reunión de familias, Borja decidió incluir un bloque sobre educación sexual. Algunos padres y madres torcieron el gesto al ver ese tema proyectado en la pantalla, pero Borja lo explicó con una sencillez ejemplar:

—Queremos una infancia que no tenga miedo de su cuerpo, que sepan poner límites, y que no se avergüencen por cosas que son naturales. Hablar de todo esto ahora, con naturalidad, evita problemas futuros. Les da confianza, seguridad y también herramientas para decir «esto me gusta» o «esto no me gusta».

Las preguntas no tardaron en llegar: «¿Y si lo hacen en el coche», «¿y si alguien se lo toma mal?», «¿y si lo cuentan en público y nos da vergüenza?». Borja les recordó que la masturbación infantil no es algo sucio, ni es un problema, y que la clave está en acompañar, no reprimir.

—No se trata de fomentar nada. Se trata de no castigar lo natural. Es como cuando aprenden a limpiarse el culo. Al principio lo hacen mal, luego van aprendiendo. Pues esto es igual. No está mal conocer tu cuerpo, pero hay que aprender la manera correcta de hacerlo.

Con el paso de los meses, la clase de Santi fue creciendo. El proyecto de educación sexual se mantuvo, con cuentos, dibujos, charlas y juegos. Aprendieron sobre el consentimiento, sobre los abrazos que se piden, sobre el «no» que hay que respetar, sobre normar las emociones. Y también, aunque sin tanto cartel, sobre la intimidad. Santi, por su parte, seguía siendo un explorador curioso. Ahora sabía que su cuerpo era suyo, que sentir cosas agradables estaba bien, y que tenía derecho a conocerlo y cuidarlo. También sabía que nadie podía tocarlo sin su permiso y que, si alguna vez algo le hacía sentir raro, podía contárselo a alguien de confianza. Todo eso lo aprendía entre las meriendas, los recreos y las charlas a media tarde con sus madres, al llegar del colegio o en la bañera. Borja seguía ideando nuevas formas de contar todo esto. A veces usaba marionetas, otras veces cuentos, y otras, simplemente escuchaba. Porque al final la mejor educación era la que nacía del respeto, de que todo cuerpo tiene derecho a ser conocido, querido y cuidado. Santi, mientras, seguía creciendo. Sin prisas, pero con muchas preguntas. Con todo el mundo aún por descubrir, pero sabiendo que no estaba mal sentir. Y que también se podía hablar de todo.

Reflexión como profesor

Esto no es una tutoría ni un mensaje formal. Es más bien como cuando os quedáis un momento a la salida del colegio y comentamos cómo ha ido el día. Que si hoy les ha costado concentrarse; que si han estado especialmente sensibles, o que si Santi lleva unos días que se toca mucho en clase y no sabéis muy bien cómo abordar el tema. Vamos a hablar claramente sobre educación sexual.

Tranquilos, porque sé que al leer esa palabra (sexual), a veces, se activa una especie de alarma automática. Lo entiendo, nos han enseñado a relacionarla directamente con relaciones sexuales entre adultos, como algo que «no es para niños». Pero, en serio, no va de eso. O no solo de eso. La educación socioafectiva-sexual, sobre todo en estas primeras etapas de Infantil y Primaria, no tiene nada que ver con hablar de sexo, sino con algo más básico, más sencillo e importante: conocer el cuerpo, respetarlo y poner límites. Es decir, entender que su cuerpo es suyo, que se puede decir «esto me gusta» o «esto no me gusta», y que eso vale igual para un abrazo, un juego, una caricia o si le tocan el pelo y no le apetece. Se trata de enseñarles que tienen derecho a poner límites, a nombrar sus partes del cuerpo sin vergüenza y a cuidarse. Si no lo hacemos desde pequeños, si no hablamos de estas cosas con naturalidad, luego nos costará mucho más crear espacios seguros donde puedan preguntar, expresar o pedir ayuda si lo necesitan.

Una de las claves es el lenguaje. Llamar a las cosas por su

nombre. No pasa nada por decir «pene» o «vulva». Son partes del cuerpo, como la rodilla o el codo. Muchas veces, al ponerles nombres raros, evitamos nombrarlas o las tratamos como si fueran algo de lo que hay que hablar bajito, por lo que estamos transmitiendo, sin querer, que hay algo malo, sucio o vergonzoso en esas partes del cuerpo. Y no lo hay. Son suyas. Les pertenecen y merecen ser tratadas con naturalidad y respeto.

Es fundamental que hablemos de lo que es público y lo que es privado. No se trata de decir «no te toques» sin más. Eso solo les genera culpa, confusión o incluso miedo. Lo que necesitan saber es que tocarse no está mal, es algo natural que forma parte del descubrimiento de su cuerpo, que puede resultarles placentero, igual que a veces les gusta que les acaricien la espalda o que les rasquen la cabeza porque los relaja. Pero hay que enseñarles que hay momentos y espacios para todo. Que hay cosas que se hacen en casa, en la intimidad, como ducharse o hacer pis, y que eso también aplica cuando se exploran a sí mismos. Aquí quiero detenerme un momento para hablar de algo que preocupa muchísimo a muchas familias: la masturbación infantil. Sé que asusta, que cuesta entenderlo desde la mirada adulta, pero de verdad, no tiene nada que ver con lo que entendemos como sexualidad en adultos. No hay deseo, no hay intención de provocación, no hay connotación sexual en ese sentido. Lo que hay es curiosidad, exploración y autorregulación. A veces, simplemente, descubren que tocarse los relaja, y lo repiten como quien se chupa el dedo o se acaricia el pelo cuando está cansado: lo hacen porque les gusta, porque los calma, y porque están conociendo su cuerpo.

Lo importante aquí es cómo reaccionamos nosotros. Si les regañamos, si les decimos «eso no está bien» o peor aún, si nos reímos o nos escandalizamos, estamos sembrando vergüenza y confusión. Les estamos haciendo sentir que hay algo malo en lo que sienten, en lo que hacen, incluso en su cuerpo. Y no es así. Lo que necesitan es que los acompañemos con naturalidad. Que les digamos que es algo que se puede hacer, pero en privado.

Esto me lleva a otra idea clave: crear confianza. Muchas veces decimos «si te pasa algo, cuéntamelo»; sin embargo, si nunca hemos hablado de estas cosas, si cuando preguntan nos ponemos nerviosos, cambiamos de tema o les decimos «de eso no se habla», lo que estamos transmitiendo es que no pueden contárnoslo. Que no es un tema seguro. Que mejor que se calle. Eso es peligroso porque si alguna vez, por el motivo que sea, necesitan decirnos algo de este ámbito, tenemos que ser el lugar seguro al que puedan acudir.

¿Y cómo se hace eso? Hablando con naturalidad desde siempre. No esperando a que pase algo. No sacando el tema solo cuando hay un problema. Sino integrándolo en el día a día. En los cuentos que leemos, en cómo nombramos su cuerpo, en cómo hablamos de los abrazos, del respeto, de lo que sí nos gusta y de lo que no. Y cómo reaccionamos a cuando preguntan. No hace falta tener un máster: hace falta estar disponible. Escuchar sin juzgar. Y, si no sabes qué decir, no pasa nada. Siempre podemos pedir ayuda. Como tutor, estoy aquí también para eso: para acompañar, para proponer materiales adecuados a su edad. Para leer cuentos en clase que hablen del cuerpo, de los límites, del cariño, de la intimidad. Para resolver dudas que surjan con el máximo respeto y con el lenguaje adecuado. para que se normalice hablar de esto sin sentir vergüenza. Tienen que entender que tanto en clase como en casa hay seguridad, hay escucha, hay espacio para preguntar y contar cómo se sienten.

Al final se trata de cuidar. Cuidar el cuerpo. Cuidar los vínculos y cuidar la confianza.

Esto no va de grandes charlas incómodas, ni de sentarse una vez al año a hablar de *eso*. Esto va de construir poco a poco un espacio donde vuestros hijos sepan que pueden contar con vosotros siempre. Va de hablar con naturalidad sin tabúes, sin prejuicios. De crear un espacio de confianza donde poder resolver dudas.

ESTRATEGIA 1: **Cuentos que facilitan conversaciones**

Los cuentos son una herramienta fantástica para abordar estos temas sin forzar situaciones ni generar incomodidad. Tanto en el aula como en casa, utilizar libros infantiles que hablen del cuerpo, las emociones, los límites o la intimidad permite abrir espacios de conversación de forma natural. Por ejemplo, leer juntos un cuento donde un personaje diga «no quiero un abrazo», ayuda a los niños a identificar, a poner palabras a lo que sienten y a hacerse preguntas. En clase se puede leer en la asamblea y en casa como parte de la rutina de noche. Lo importante es hablar después, dejar que pregunten o que cuenten sus experiencias. No hace falta que surjan grandes dudas, ni forzar la charla. Hay que dejar que surja y acompañarla.

ESTRATEGIA 2: Jugar a lo que es público y lo que es privado

Convertir el aprendizaje en un juego facilita muchísimo la comprensión. Podemos hacer una actividad tanto en clase como en casa donde pongamos distintas imágenes o frases que describan acciones cotidianas y pedir que las clasifiquen si eso se hace en un espacio público o privado. No se trata de juzgar lo que está bien o mal, sino de enseñar la diferencia entre intimidad y lo que no lo es. En el cole se puede hacer con tarjetas o incluso con dibujos hechos por ellos; en casa con gestos o ejemplos reales. A través de este juego, van integrando de manera divertida que hay cosas que forman parte de su intimidad y aprenden a reconocer cuándo, dónde y cómo es adecuado.

ESTRATEGIA 3: Las normas del cuerpo: lo que me gusta y lo que no

Una dinámica muy sencilla y potente consiste en ayudarles a identificar lo que les gusta y lo que no en relación con su cuerpo y su espacio personal. En el cole, se puede hacer con una silueta en papel grande donde escriben o dibujan cosas como «me gusta que me abracen», «no me gusta que me toquen el pelo». En casa se puede trabajar igual, de forma más íntima, hablando con ellos mientras dibujan su cuerpo o incluso usando muñecos. Esto les ayuda a poner palabras a sus sensaciones, a identificar lo que les genera bienestar o incomodidad y, sobre todo, a sentirse con derecho a decirlo. Les enseña que su cuerpo es suyo y tienen voz para protegerlo.

18.
Dos caminos hacia la voz

*Una historia sobre el apego, el lenguaje
y la confianza compartida*

Os quiero contar una historia; es una historia sencilla, de esas que se repiten cada septiembre en miles de colegios. Con personajes conocidos, escenarios comunes y un comienzo que a todos nos resulta familiar: una familia acompaña a su hija pequeña en su primer día de colegio. Pero esta historia esconde algo más. Algo que no se ve de inmediato, que no se menciona en voz alta, pero que está ahí, latiendo por debajo: el trastorno específico del lenguaje, o TEL. No os la cuento para diagnosticar ni para poner etiquetas. Tampoco para entrar en tecnicismos. Os la cuento porque la he vivido. Porque soy profesor de Infantil y he formado parte de un equipo que se desborda, se frustra, se hace preguntas… y también se levanta, se une, aprende y crece. Detrás de cada niña que no responde como esperamos, suele haber una familia llena de miedo, un docente lleno de dudas y, a veces, un sistema que aún no ha aprendido a escuchar a todos. Os quiero traer dos versiones de una misma historia. Dos caminos posibles hacia un mismo deseo: que una niña llamada Alma pueda comunicarse, expresarse, sentirse segura y crecer. En una historia, familia y colegio avanzan desde el apego inseguro y el desconocimiento. En la otra, desde la apertura, la escucha y la confianza compartida. En ninguna de estas historias hay héroes o villanos. Únicamente elecciones y consecuencias.

Es septiembre. Hace calor. La clase está lista, con carteles de bienvenida, mesas pequeñas, dibujos en la pared y un montón de cuentos preparados. Todo está pensado con mimo para que este primer día sea especial.

—Dile hola al profe, cariño —le susurra su madre Elena.

Alma se queda en silencio. No hay saludo. Solo una mirada fugaz, medio escondida detrás de su madre.

—Es tímida —añade su madre—. Le cuesta arrancar pero luego no para.

Yo sonrío, le ofrezco mi mano, intento conectar con esa mirada que intenta escapar, pero Alma no responde.

Durante los primeros días, Alma no habla. Observa. Se mueve poco. No se une a los juegos, no canta, no participa en las rutinas. A veces, hace ruidos, gruñidos o repite sílabas sueltas. Pero no forma frases, ni siquiera palabras que ya conoce. Su madre dice que en casa habla «lo justo», que se la entiende si la conoces. Que es muy lista, pero muy suya también.

Cada mañana, Elena alargaba la despedida. Le repite a Alma que la quiere, le pregunta si le duele algo, si quiere que vuelva pronto. Y Alma llora. Mucho. Cada día. Empiezo a preocuparme. Intento entenderla: ¿es timidez? ¿Es tiempo? ¿Hay algo más? Comento con el equipo lo que observo. Me dicen que demos tiempo. Que está en periodo de adaptación.

Pero algo dentro de mí empieza a hacer ruido.

(Comenzamos de nuevo)

Mismo septiembre. Misma clase y mismos carteles de bienvenida. Alma entra por la puerta con su familia, Elena y Marcos. La han preparado para este día. Han hablado con ella, han visitado el colegio antes, han jugado a «hacer que iba al cole» en casa. Alma no habla mucho. Apenas dice dos palabras sueltas. Pero sus gestos lo dicen todo. Mira, señala y asiente. Su familia no lo niega. Al contrario, lo comparten abiertamente:

—Sabemos que tiene dificultades para expresarse. Lo estamos valorando con una logopeda desde hace unos meses. Nos gustaría trabajar en equipo contigo y la logopeda. ¿Podemos tener una tutoría conjunta?

Y esa charla, el primer día, lo cambia todo. No porque Alma ya tenga un diagnóstico claro, sino porque hay una puerta abierta.

Durante las primeras semanas, Alma participa a su manera. Señala cuentos, observa a sus compañeros, se ríe cuando hay música. A veces, se frustra porque no consigue decir lo que quiere. Hay una mirada adulta cerca, disponible, que no la obliga ni la ignora, que le ofrece palabras cuando no las tiene. Que celebra cada pequeño gesto. Empiezo a aprender un nuevo lenguaje; uno hecho de silencios, de imágenes, de gestos y de sílabas sueltas que significan mucho más de lo que parecen...

Pasan los meses.

En la primera historia, Alma sigue sin hablar. Su madre evita mencionar el tema. En las reuniones dice que en casa «todo está bien», pero al preguntarle por ejemplos no hay respuesta clara o hay construcciones de frases que el profesor sabe que no son posibles, pero el cariño hace que así se crea. Dice que no quiere etiquetar, que cada niño tiene su ritmo.

—Yo también tardé en hablar y aquí estoy —dice su madre.

Pero las dificultades se acumulan. Alma no logra participar en los juegos simbólicos, no sigue instrucciones sencillas, no expresa necesidades básicas con claridad. Se frustra. Llora. Se aísla. Sus compañeros empiezan a dejarla de lado y eso duele. Le duele a ella y a mí. Intentó hablar con Elena. Le sugiero una valoración, una logopeda, pero se cierra en banda.

—No quiero que le pongan ninguna etiqueta. No quiero que digan que tiene algo malo.

Desde mi frustración, me siento solo. Porque no tengo herramientas. porque no sé si lo que hago ayuda o empeora. Porque cada día veo cómo Alma se apaga un poco más.

En la otra historia, el camino es otro diferente.

Elena y Marcos han seguido con las sesiones de logopedia. Traen sugerencias. Nos coordinamos con la orientadora del centro. Alma tiene un cuaderno de comunicación visual con pictogramas. Empieza a usarlo en clase. Al principio me siento torpe, no sé bien cómo utilizarlo, me olvido de sacarlo, me frustra no entenderla a la primera. Pero aprendo. Nos apoyamos como equipo. Y Alma, poco a poco, empieza a usar sus propias formas de decir. Señala, asocia imágenes, emite sonidos y, un día, dice: «Agua». Clara. Sola. Casi lloro. No porque, por fin, diga algo, sino porque ha sentido que podía. Que había un espacio seguro para intentarlo.

El lenguaje no es solo utilizar palabras. Es vínculo, apego. Es seguridad para expresarse sin miedo. En la historia de apego inseguro, la dificultad de Alma no solo está en el lenguaje: está en cómo se relaciona con el entorno. Su madre no confía en el colegio, no confía en los especialistas. Solo confía en sí misma y esa sobreprotección, sin quererlo, le niega a su hija la posibilidad de ampliar sus recursos. Cada avance cuesta el triple, porque hay que luchar primero con la negación adulta antes que con la necesidad infantil.

En la historia del apego seguro, cada paso se acompaña. No se niega la dificultad. Se abraza. Se comparte y se trabaja. Y eso, aunque no elimina el TEL, le quita peso. Lo convierte en un camino compartido. No sabía casi nada de TEL. Me sonaba de lejos. Lo había escuchado en alguna formación, pero no lo comprendía realmente. No sabía lo que significaba no poder encontrar las palabras, no poder construir una frase, no poder decir «quiero jugar contigo» y tener que resignarte a mirar desde lejos. Con Alma aprendí. Aprendí a observar más allá del habla. A dar tiempo. A valorar los pequeños logros. A buscar apoyos. A soltar el orgullo y decir: «No sé cómo hacer esto, ¿me ayudas?». Y me ayudaron. La logopeda, la orientadora y la familia; y juntos ayudamos a Alma. Juntos inventamos un lenguaje. Uno que incluía pictogramas, gestos, canciones repetitivas y cuentos con imágenes claras y rutinas visuales. Todo para construir un puente. Porque eso es el lenguaje: un puente.

En la historia del apego inseguro, Alma llega a fin de curso con pocos avances. Empieza a mostrar conductas agresivas. Grita, empuja, rompe. La frustración la desborda. Elena se enfrenta al equipo. Dice que no la entendemos, que el colegio no la está cuidando. Pide un cambio de centro. En la otra historia, la del apego seguro, Alma termina el curso diciendo frases de dos palabras. No siempre se entienden, pero lo intenta. Tiene un par de amigas. Participa en asambleas. Se acerca a leer cuentos y ha aprendido que su voz, aunque es diferente, tiene un lugar. Y yo también he cambiado. Ya no busco que todos hablen igual, busco que todos se sientan escuchados.

Reflexión como profesor

Cuando trabajo con Alma, una niña que presenta TEL, siento miedo; no voy a ocultarlo. Miedo a no saber estar a la altura, miedo a no tener las herramientas suficientes para acompañarla, para entenderla, para ayudarla. Y, a veces, me siento inseguro, dudando de mis propios gestos, de mis palabras, de mis decisiones dentro de mi clase. Este miedo no viene solo del descubrimiento del TEL. Viene también de la responsabilidad que asumo como profesor de Infantil: la de acompañar a todos mis alumnos, de crear un entorno seguro y estimulando a cada uno. Pero con Alma, el camino es distinto. Ella no sigue el ritmo habitual, no se expresa con palabras claras, y eso me obliga a salir de mi zona de confort. A mirar más allá del habla. Y escuchar silencios e interpretar miradas. A veces me frustro, pero no puedo rendirme. Cada gesto suyo, por mínimo que sea, es una puerta que se entreabre.

Acompañar a un niño con TEL no es solo un trabajo técnico, sino una tarea profundamente humana. Requiere vínculo. Requiere un apego seguro. Alma necesita saber que la clase es un espacio donde puede expresarse sin miedo, aunque no tenga todas las palabras. Que hay una mano adulta cerca, disponible, que no la fuerza, pero tampoco se rinde; ese acompañamiento no puedo hacerlo solo. Necesito a su familia, al equipo de orientación, a la logopeda. Necesitamos caminar todos juntos. No siempre es fácil. Hay veces que siento que la familia tiene miedo, que se cierra a la ayuda externa; quizá por proteger, quizá por no querer poner un nombre. También he vivido lo contrario. He visto lo que ocurre cuando la familia y el colegio se abren mutuamente. Cuando hay diálogo. Cuando confiamos los unos en los otros. El trabajo se transforma de manera radical. Llegan los apoyos visuales, los pictogramas, las estrategias compartidas. Alma empieza a comunicarse, a su manera, a su ritmo. Y cada palabra que surge es una fiesta.

El TEL nos desafía como sistema educativo. No obliga a cuestionarnos, a buscar recursos, a trabajar en red. Me gustaría que hubiera más información específica, más apoyos en el aula, más reconocimiento a este tipo de necesidades. Porque cuando un niño no puede expresar lo que siente, todo su mundo se le complica. Acompañar a Alma me ha cambiado como profesor. Me ha recordado que enseñar no es solo transmitir contenidos, sino crear vínculos. Que una clase es un espacio donde cada niño, con su propia voz, tiene derecho a ser escuchado.

ESTRATEGIA 1: **Comunicación visual**

El uso de apoyos visuales, como pictogramas, imágenes o gestos, es fundamental para facilitar la comprensión y expresión de niños con TEL. Esta estrategia consiste en crear un sistema visual simple y constante que se utilice tanto en clase como en casa, para que pueda anticiparse y entender mejor las rutinas, instrucciones y necesidades. Por ejemplo, un cuaderno o papel con imágenes que representan actividades diarias o emociones ayuda a que el niño pueda señalar para comunicarse, reduciendo la frustración. La clave está en que la familia y el centro usen estos apoyos de forma coordinada, manteniendo los mismos símbolos y palabras para crear un lenguaje compartido, lo que fortalece la confianza del niño y mejora su capacidad de expresión.

ESTRATEGIA 2: Tiempo de calidad para el lenguaje

Dedicar momentos diarios específicos, tanto en el colegio como en casa, para actividades de lenguaje que sean lúdicas y significativas es esencial. Se trata de crear espacios donde el niño se sienta seguro para intentar expresarse sin presión, usando juegos, cuentos o canciones que fomenten la repetición y la imitación. Por ejemplo, en casa la familia puede leer un cuento señalando imágenes y repitiendo palabras, mientras en clase el profe puede reforzar esas mismas actividades en pequeños grupos o de forma individual. Este tiempo debe ser breve pero frecuente, permitiendo que se sienta acompañado y motivado. La colaboración entre familia y colegio es clave para mantener esa rutina y compartir estrategias, reforzando el aprendizaje y la confianza.

ESTRATEGIA 3: Coordinación y comunicación abierta entre familia y colegio

La colaboración estrecha entre la familia, el profesor, el equipo de orientación y los especialistas, es la base para un apoyo efectivo. Esta estrategia consiste en establecer canales de comunicación claros y constantes, como reuniones regulares, agendas compartidas o plataformas digitales. Al compartir información y ajustar las intervenciones de forma conjunta, se crea un entorno coherente, donde se respeten sus necesidades y ritmos. Además, esta comunicación ayuda a la familia a sentirse acompañada y apoyada, reduce la ansiedad y favorece un apego seguro que se traduce en mejores resultados en el desarrollo del lenguaje.

ESTRATEGIA 4: Recomendaciones de especialistas

Es importante basar la intervención en las valoraciones profesionales de logopedas y equipos de orientación para asegurarnos de que las estrategias que aplicamos estén adaptadas a las necesidades específicas. Esta estrategia implica que tanto el centro como la familia acepten y se ajusten a las recomendaciones técnicas, modificando sus prácticas para ofrecer un apoyo coherente y efectivo. Por ejemplo, si la logopeda recomienda un tipo específico de apoyo visual o una rutina en particular para estimular la expresión oral, tanto el profesor como la familia lo deben incorporar en su día a día.

19.
Junio

Una historia sobre despedidas

Junio es algo extraño. Es un mes que tienes ganas de que llegue por el inicio de las vacaciones, pero no quieres que termine por lo que supone. Es ese mes en el que todos te dicen «ya no te queda nada», «ya estaréis con un pie en la playa», «¡qué suerte los profes, menudas vacaciones!». Y tú sonríes, porque sí, claro que te apetece parar, descansar, no escuchar tu nombre doscientas veces en una mañana, ni tener que gestionar quince emociones de manera simultánea antes del patio, ¿quién no? Sin embargo, por dentro sabes que junio es también otra cosa. Junio, para lo que trabajamos en Infantil, no es solo un final de curso, es una despedida. De las grandes. De esas que cuestan. Porque no solo se van unos niños. Se va tu clase. Esa que has acompañado durante tres años. Tres años de rutinas, de anécdotas, de progresos, de risas, de lloros, de aprendizajes, de abrazos. Tres años en los que los has visto llegar muy pequeñines y marcharse enormes. En todos los sentidos. Y claro que te sientes orgulloso por todo lo que se ha conseguido. ¡Muchísimo! Porque han crecido, han aprendido, han madurado; y tú has estado ahí. Has sido parte. Los has visto cada día. Has formado parte de su historia, de su infancia. Pero también... Tú has formado vínculo. Real. Fuerte. De esos que no se sueltan tan fácilmente.

Entonces, sí, llega junio y se activa el «modo-despedida». Empiezas a preparar cosas: un vídeo, unos regalos, unas carpetas, unas canciones. Y parece que es solo organización, pero no lo es. Estás reviviendo el año. Reviviendo los tres años. Y te das cuenta de lo mucho que han hecho. De lo mucho que has hecho tú. Y de repente... Se te pone un nudo en el estómago. El clásico nudo de final de curso. Soy de los que lloran, no lo escondo. A veces disimuladamente, otras sin ningún tipo de pudor. Porque llega un momento en el que ni lo intentas evitar. Sabes que te va a pasar. Y si lo intentas contener, solo empeora. Así que ya está: me siento, edito el vídeo, pongo la música, miro las fotos... y lloro. Y no pasa nada. Bueno, sí, pasa de todo. Porque significa que ha habido algo bonito. Y, ojo, que esto no va de estar triste todo el mes. También me encanta junio. Me encantan los festivales, ver a las familias emocionadas, preparar sorpresas, pensar ideas que los dejen con la boca abierta. Me encanta verles bailar, cantar, despedirse como los mayores que son. Me río muchísimo, me emociono, me entra la nostalgia y me ilusiona pensar en lo que les espera.

Pero, sí, es un mes de emociones fuertes. De ese cansancio acumulado que se mezcla con la adrenalina del final. De no parar en todo el día y, aun así, darte cuenta de que te queda poco tiempo con ellos. Y querer exprimirlo todo lo que puedas. Aprovechar los últimos cuentos, los últimos juegos, las últimas veces que se sientan contigo en la asamblea o que te buscan con esa confianza que solo se construye con tiempo. Y de disfrutar de esos abrazos… que con sus bracitos tan pequeños dan los mejores abrazos del mundo. Porque sabes que el año que viene será otra clase. Otro grupo. Otra historia. Y aunque volverás a empezar con la misma entrega, esta… se cierra. Y se cierra para siempre. Eso, para quienes nos implicamos de verdad, nos remueve. No es drama, no es poesía ni una tragedia. Es un vínculo. Y cuando haces vínculo y toca despedirse, duele un poquito. Pero también te deja huella. Así que sí: me encanta junio, me encantan las vacaciones, pero también me duele un poco. Porque despedirse de una clase no es solo decir adiós. Es cerrar una etapa. Y cuando la etapa ha sido tan bonita, cuesta un poco hacerlo.

Estoy muy feliz de verles crecer y saber que he formado parte de su historia. Y ellos de la mía.

20.
Ya está, ya me callo

Si has llegado hasta aquí, solo puede ser por dos razones: o bien el libro te ha enganchado de verdad, en cuyo caso gracias infinitas, o eres de esas personas que se sienten obligadas a terminar todo lo que se empieza, aunque no le esté haciendo especial ilusión. Sea como sea, estás aquí y eso ya me emociona.

En la primera página ya te dije que esto no iba a ser un manual infalible. Aquí no ibas a encontrar la fórmula mágica para tener una clase en calma, niños felices, materiales preciosos y una coordinación de ciclo que no parezca una asamblea de vecinos enfadados. Esto no iba a ser Pinterest, ni un curso de experto en neuroeducación certificado por la universidad de *Masquechuches*. Esto iba a ser un viaje; un viaje hecho de historias. Algunas tiernas, otras duras. Algunas divertidas y otras que duelen por dentro. Y, en todas, un hilo común: la educación real, la que pasa con las manos manchadas de pintura, voz tocada de tanto hablar y el corazón puesto en todo momento.

Si algo quiero que te quede claro después de este recorrido, es que no necesitas hacerlo perfecto. Solo necesitas hacerlo de verdad. Esto no significa que todo valga, ni que no debamos formarnos, esforzarnos, revisar y mejorar. Significa que lo que tú aportas, con tus luces y tus sombras, ya es muy valioso. No eres un algoritmo que optimiza sus procesos. Eres una persona, educando a otras personas pequeñas, con mochilas enormes. Y eso es de valientes.

Hay veces que harás maravillas. Otras veces la clase parecerá el *backstage* de una gira de rock en pleno desenfreno. A veces, te saldrá tan bien que acabarás pensando «¡lo he bordado!» y otras… querrás que la tierra te trague. Días en los que nada funciona. En los que terminas agotado, frustrado y dudando de si vales para esto. Incluso hay veces que pasa todo eso el mismo martes. Y eso también forma parte de educar. Porque sí, hay días en los que la energía no te da. Días en los que tienes que improvisar algo a cinco minutos de entrar. Días en los que haces lo que se puede, con lo que tienes, con lo que eres y con lo que ha quedado de ti después de una noche sin dormir. Y, aun así, ahí estás. Intentándolo. Y eso, amigo y amiga, también es educar. Me encantaría decirte que todo va a salir bien. Que cada curso es mejor que el anterior. Que los claustros serán un espacio de paz y respeto mutuo. Pero no. No voy a mentirte en la última página.

Habrá días duros. Días de frustración, de dudas, de no saber cómo sostener tanto. Pero también te prometo que va a haber momentos de esos que te resetean por dentro: una mirada que por fin confía, un alumno que se suelta y habla, una familia que agradece con los ojos y no con palabras, un «te quiero, profe» con un abrazo sin avisar, entre manchas de pintura y trozos de plastilina. Y esos momentos existen. Y compensan. ¡Joder que si compensan!

¡Perdón! La emoción.

Todos esos momentos existen y compensan. Son breves pero inmensos, y se quedan a vivir contigo. Son los que nos salvan del agotamiento. Son los que nos recuerdan por qué seguimos. Por eso, ríete. Hasta cuando todo es un desastre. Improvisa, equivócate y rompe tus propios esquemas. Conecta con tu clase, no con la perfección. Con las personas.

No te compares. Ni con la que sube treinta y siete *stories* al día con materiales fabulosos, ni con el que siempre parece tenerlo todo bajo control, ni contigo mismo/a en tus mejores días. Compárate solo con la versión de ti que lo hacía con miedo y ahora lo hace con más seguridad. Tú, hoy ya estás más cerca de lo que soñabas hacer en una clase que cuando empezaste. Y si aún no has pisado una clase, si sigues en la universidad comiéndote PowerPoint eternos, te tengo que decir algo: ya eres profe.

Aunque no los hayas conocido todavía. Aunque no tengas aún una clase con tu nombre en la puerta. Aunque la gente insista en decirte «verás cuando estés dentro, eso sí que es duro». Claro que lo será. Pero también será increíble.

No dejes que nadie te haga sentir que no puedes opinar solo porque aún no tienes «experiencia». Lo que te falta de años lo compensas con pasión, con ganas, con una mirada limpia. Vas a equivocarte, vas a llorar en el coche, pero también vas a vivir cosas que no caben en ningún examen de oposición.

Si has leído este libro sintiendo que te hablo a ti, no es casualidad. Este libro no tiene moralejas, pero sí tiene intención: abrazar desde dentro; hacerte sentir menos solo. Decirte que, aunque no nos conozcamos, te admiro y mucho.

Porque sé de sobra lo que cuesta estar ahí. Sosteniendo y acompañando.

Porque sé lo que pesa cuando no ves resultados y estás probándolo todo.

Porque sé lo que desgasta entrar en una clase y estar escuchando llantos desconsolados durante semanas y semanas.

Porque sé lo que es que el sistema no respete las necesidades.

Así que aquí va mi frase final, sin grandes fuegos artificiales, pero con todo mi cariño:

NO TODO SALDRÁ COMO ESPERAS. PERO CADA VEZ QUE LO HACES CON CARIÑO, AUNQUE TE EQUIVOQUES, ESTÁS HACIENDO ALGO GRANDE.

Como ya te dije en mi primer libro, hasta el error es divertido. Pues eso, que vivan los errores. Y que vivas tú, que los conviertes en oportunidades de aprender. Que quede claro que eso no es un adiós. Es un «ya nos seguiremos leyendo». Porque tú y yo sabemos que esta historia no termina aquí. Todavía quedan recreos por observar, cuentos por inventar, batallas por librar y una infancia por la que vale la pena seguir.

Gracias por quedarte hasta el final.

Gracias por tu tiempo, tu energía y tu locura.

Gracias, por tanto.

Su opinión es importante.
En futuras ediciones estaremos encantados
de recoger sus comentarios sobre este libro.

Por favor, háganoslos llegar a través de nuestra web:

www.plataformaeditorial.com

Para adquirir nuestros títulos,
consulte con su librero habitual.

«I cannot live without books».
«No puedo vivir sin libros».
THOMAS JEFFERSON

Desde 2013, Plataforma Editorial planta un árbol
por cada título publicado.